W0186190

Peter Neumann

Wo war was in BERLIN

Ein ungewöhnlicher Stadtführer
durch eine außergewöhnliche Stadt.
299 Infos zu Schauplätzen, Persönlichkeiten,
Ereignissen

Dietz Verlag Berlin

Dieser Stadtführer entstand unter Mitarbeit von Fritz Wengler.

Neumann, Peter: Wo war was in Berlin :
e. ungewöhnl. Stadtführer durch e. außergewöhnl. Stadt ;
299 Infos zu Schauplätzen, Persönlichkeiten,
Ereignissen / Peter Neumann. –
Berlin : Dietz Verl., 1990. – 74 S. : 1 Kt.

ISBN 3-320-01676-8

1. Auflage
© Dietz Verlag Berlin 1990
Lizenznummer 1 · LSV 5279
Typographie: Horst Kinkel
Umschlag: Michaela Barthel
Kartographie: Militärkartographischer Dienst (VEB), Halle
Printed in the German Democratic Republic
Satz und Druck: Dresdner Druck- und Verlagshaus GmbH
Bindearbeit: INTERDRUCK Graphischer Großbetrieb Leipzig
Best.-Nr. 738 942 0
12,80 DM

Liebe LeserInnen!

Sie haben sich einen Stadtführer gekauft, der Ihnen von dieser unglaublichen Stadt mehr zeigt, als Berlin-Besucher gewöhnlich zu sehen bekommen.

Möchten Sie an der Stelle stehen, wo sich John F. Kennedy zum Berliner erklärte? Wollen Sie wissen, wo die Kneipe stand, in der sich E.T.A. Hoffmann maßlos betrank? Interessiert Sie, wo die Prominenten und Mächtigen Deutschlands regierten und wohnten? Wir führen Sie hin.

Wir zeigen Ihnen, wie Berlin war, wo und wann hier was los war in der Geschichte dieser Residenzstadt, Weltstadt, Frontstadt und Hauptstadt.

Wir mußten uns natürlich begrenzen; daher »nur« jeweils 99 Orte, Daten, Leute.

Eine Bitte noch: Falls Sie einen Tip haben, was wir unbedingt in diesen Stadtführer aufnehmen müßten, lassen Sie uns das wissen.

Berlin, im Juni 1990 Peter Neumann Fritz Wengler

99 Schauplätze

1 *Brandenburger Tor*

Es ist wohl das berühmteste Bauwerk Berlins, Synonym deutscher Macht, Symbol des Aufstiegs zur in jeder Beziehung aufregendsten Hauptstadt Europas wie auch ihrer bitteren Niederlagen – das einzige noch bestehende der einst 18 Stadttore des alten Berlin.
1788–1791 von Carl Gotthard Langhans d. Ä. (→160) als würdiger Abschluß der Straße Unter den Linden (→4) erbaut nach dem Vorbild der Propyläen auf der Athener Akropolis. Der mittlere Bogen des 26 Meter hohen und 65,5 Meter breiten Tores durfte früher ausschließlich von Mitgliedern der Kaiserlichen Familie durchfahren werden. Hier nahmen die gekrönten Häupter Paraden ab.
Durch dieses Tor marschierte in der Nacht des 31. Januar 1933 die SA am gerade ernannten Reichskanzler Adolf Hitler (→147) vorbei. Am 30. April 1945 kämpften sich hier die ersten T-34-Panzer des sowjetischen Marschalls Georgi K. Shukow zum Reichstag vor.
Die US-Präsidenten John F. Kennedy (→155) und Ronald Reagan besahen bei ihren Berlin-Besuchen dieses Tor von der westlichen Seite, die sowjetischen Partei- und Staatschefs Nikita S. Chruschtschow und Michail S. Gorbatschow von der östlichen Seite.
Die kupfergetriebene Quadriga, das Vierergespann der Friedensgöttin Viktoria, stammt von Johann Gottfried Schadow aus dem Jahre 1794. Kaiser Napoleon (→175) hatte die Viktoria nach der Eroberung der preußischen Hauptstadt 1806 als Kriegsbeute nach Paris mitgehen lassen; 1814 wurde sie zurückgeholt.
Nach dem zweiten Weltkrieg hatten die DDR-Behörden den preußischen Adler und das Eiserne Kreuz als »Symbol des deutschen Militarismus« aus dem Stab der Friedensgöttin entfernt.
Nachdem die Quadriga in der ersten Silvesternacht nach Wiederöffnung der Grenzen (→299) von randalierenden Jugendlichen schwer beschädigt wurde, wird sie 1990 in der Werkstatt des Westberliner Museums für Verkehr und Technik wiederhergestellt. **E 6**

2 *Pariser Platz*

Der Platz vor dem Brandenburger Tor war 1734 unter Friedrich Wilhelm I. (→133) als Karree angelegt worden. Den Namen der französischen Hauptstadt bekam er 1914 zur Erinnerung an die nach dem Sieg über Napoleon heimgekehrten preußischen Truppen.
Der Pariser Platz war bis zum zweiten Weltkrieg berühmt für das Ensemble der zweietagigen Palais an seiner Nord- und Südseite. Im einzelnen waren das:
auf der Südseite (Richtung Leipziger Straße)

- das 1815 von der Stadt Berlin dem Fürsten Gebhard Leberecht Blücher von Wahlstatt geschenkte Palais, 1870 umgebaut, dann Botschaft der USA;
- das Rhodesche Palais, in dem unter anderen der Schauspieler August Wilhelm Iffland und der Jurist und Politiker Friedrich Karl von Savigny wohnten;
- das Arnimsche Palais, das Mitte des 19. Jahrhunderts um- und ausge-

baut wurde und später die Preußische Akademie der Künste aufnahm;
- das 1829–1833 von Karl Friedrich Schinkel (→185) errichtete Palais Redern, das 1905 für den Neubau des Hotels »Adlon« abgerissen wurde;

auf der Nordseite (Richtung Reichstag)
- die Botschaft Frankreichs;
- das Palais Nr. 7a, in dem der Komponist Giacomo Meyerbeer lebte;
- das zum Schluß im Besitz des Malers Max Liebermann, Präsident der Akademie der Künste und Ehrenbürger Berlins, befindliche Haus Nr. 7. Liebermann pflegte die Lage seines Hauses so zu beschreiben: »Wenn Se rinkomm' in Berlin, gleich links.« Als die SA vor seinem Fenster mit dem Fackelzug Ende Januar 1933 die Machtergreifung der Nazis feierte (→254), soll Liebermann gesagt haben: »Man kann jar nich so ville fressen, wie man kotzen möchte ...!« **E 7**

3 *Friedrichstadt*

Die Friedrichstadt galt als das eigentliche Herzstück des alten Berlins. Hier befanden sich nicht nur die politischen Verwaltungszentralen des Reiches, der Reichstag (→6) und das Regierungsviertel Wilhelmstraße (→8), sondern auch die bekanntesten Museen (→32), die Bauten der Humboldt-Universität (→5g), Theater, Banken, Restaurants. Hier wurde große Politik gemacht – und Geschäfte, und Geschichte.

Die Friedrichstadt, die heute in kaum einer Karte noch zu finden ist, hatte folgende Begrenzungen:
- im Norden bis jenseits der Straße Unter den Linden (→4), wo die Dorotheenstadt begann;
- im Osten bis zur Spree, einschließlich des Friedrichswerder (früher mit Schloß, heute mit Staatsratsgebäude und Palast der Republik);
- im Südosten bis zur früheren Luisenstadt, also etwa bis zum ehemaligen Grenzübergang Heinrich-Heine-Straße/Prinzen-Straße;
- im Süden bis zum Halleschen Tor;
- im Westen schließlich bis zur Wilhelmstraße (heute Otto-Grotewohl-Straße).

Erst nachdem der Glanz des Kaiserhofs verblaßt war, konnte der neue Berliner Westen ernsthaft versuchen, durch modernen Luxus der klassischen Würde der Friedrichstadt den ersten Rang in Berlin streitig zu machen. **E 7**

4 *Straße Unter den Linden*

Die nur 1470 Meter lange Prachtstraße wird mit Berlin in einem Atemzuge genannt, wie Prag und der Wenzelsplatz, New York und der Broadway, Paris und die Champs-Élysées.

1573 wurde hier ein kurfürstlicher Reitweg vom Schloß (→29) hinüber zum Tiergarten (→42) angelegt. Beginnend an der heutigen Marx-Engels-Brücke (→33), führt die Straße geradewegs zum Brandenburger Tor (→1).

Ab 1647 war der schon 60 Meter breite Straßenzug beiderseits mit Nußbäumen und Linden bepflanzt, von denen aber nur die letzteren das Berliner Klima vertrugen. Im 18. Jahrhundert war dies die Repräsentationsallee der preußischen Residenzstadt. Ihr historischer Teil setzt sich nach dem Bebelplatz (→5) bis zur Kreuzung mit der Friedrichstraße (→13a, b) fort.

Zwischen Neuer Wache (→5f) und Humboldt-Universität (→5g) ist noch der Eingang eines Straßenbahntunnels zu entdecken: Das Linden-Statut

schrieb nicht nur für alle hier zu errichtenden Bauten eine Traufhöhe zwischen 18 und 22 Meter vor, sondern verbot auch das Überspannen dieser Straße mit elektrischen Leitungen.
Auf der Südseite (Richtung Platz der Akademie) wird der Bebelplatz vom Alten Palais begrenzt, das Kaiser Wilhelm I. (→195) bewohnte. Ihm folgt als historisches Unikum das ehemalige Gouverneurshaus, das Neubauten in der Rathausstraße weichen mußte und 1963/64 hier anstelle des zerstörten Niederländischen Palais wieder aufgebaut wurde.
Schon 1826 als erste Berliner Straße mit modernen Gaslaternen beleuchtet, war im hiesigen Café »Bauer« an der Ecke Friedrichstraße 1884 die erste elektrische Beleuchtung zu bestaunen – heute steht dort das Restaurant »Lindencorso«. Dem gegenüber, auf dem Platz des jetzigen Grand-Hotel-Cafés, befand sich das weltberühmte Café »Kranzler« (dessen Nachfolger heute am Kurfürstendamm/Ecke Joachimsthaler Straße residiert).
Auf der Nordseite des sich nun anschließenden »Linden«-Abschnitts (nach der Ecke Friedrichstraße Richtung Brandenburger Tor) stehen das 1936 erbaute »Haus der Schweiz« mit einer Bronzefigur des Wilhelm Tell und Kolonnaden-Vorbau; danach Geschäftshäuser, die etwa um die Jahrhundertwende errichtet wurden. Die Gebäude jenseits der Neustädtischen Kirchstraße (Ministerium für Außenhandel und andere) sind nach 1960 entstanden.
Architektonisch völlig aus dem Rahmen fällt der gegenüberliegende Komplex der sowjetischen Botschaft, 1949–1951 als erster Nachkriegsneubau dieser Straße errichtet. An dieser Stelle befand sich das für die Schwester Friedrichs II. (→131), Prinzessin Amalie, erbaute Palais, das 1917 die russische Botschaft bezogen hatte.
Zum Brandenburger Tor hin werden die »Linden« auf dieser Seite vom 1964 erbauten Ministerium für Volksbildung abgeschlossen. **E 7**

5 *Bebelplatz*

Dieser Platz wurde 1952 nach dem SPD-Mitbegründer und Reichstagsabgeordneten August Bebel (→106) benannt. Davor hieß er Opernplatz und Kaiser-Franz-Joseph-Platz. Er reicht von der Marx-Engels-Brücke (→33) bis zum Beginn der Mittelpromenade Unter den Linden, aber seine Ausmaße lassen sich kaum wahrnehmen, weil die ihn durchschneidenden »Linden« inzwischen zur achtspurigen Autostraße geworden sind. Konzipiert war die ganze Anlage einst vom jungen König Friedrich II. (→133) und seinem Architekten Georg Wenzeslaus von Knobelsdorff (→156) als »Forum Fridericianum«, als architektonische Verbindung von Geist und königlicher Größe.
Von der Brücke aus linker Hand gehören zum Bebelplatz:
- das Kronprinzenpalais (Palais Unter den Linden) (→5a),
- das Prinzessinnenpalais (Operncafé) (→5b),
- die Deutsche Staatsoper (→5c),
- die Alte Bibliothek (»Kommode«) (→5d).

Optischer Schlußpunkt nach Westen ist das Reiterdenkmal Friedrichs II., 1851 von Christian Daniel Rauch vollendet. Das »schönste Reiterstandbild der Welt« war im zweiten Weltkrieg zum Schutz vor Bombenangriffen eingemauert und in den Gründerjahren der DDR als »Sinnbild feudalabsolutistischer Willkürherrschaft« in einen entlegenen Winkel des Parks von Potsdam-Sanssouci verbannt worden. Infolge einer sich entkrampfenden Geschichtsauffassung durfte der große Preußenkönig 1980 wieder zurück an seinen angestammten Platz.

Auf der Nordseite des Bebelplatzes, von der Brücke aus rechter Hand, finden sich:

– das Museum für Deutsche Geschichte (Zeughaus) (→5e)
– die Neue Wache (→5f)
– die Humboldt-Universität (→5g). E 7

5a *Kronprinzenpalais (Palais Unter den Linden)*

Das ursprünglich für den späteren König Friedrich II. (→131) 1732 von Philipp Gerlach umgestaltete Adelspalais aus dem Jahre 1663 war Wohnsitz der preußischen Prinzen. Nach 1851 wurde es erweitert und in klassizistischem Stil von Heinrich Strack vollkommen umgestaltet.

1919 wurde in diesem Haus die moderne Abteilung der Nationalgalerie (→32c) eingerichtet. Die Sammlung lösten die Nazis nach 1933 als »entartete Kunst« auf; Werke von Korinth, Liebermann, Klee und anderen wurden ins Ausland verkauft oder gar vernichtet.

Das im zweiten Weltkrieg völlig zerstörte Gebäude wurde 1963/64 in seiner äußeren Gestalt als Gästehaus der DDR-Regierung wieder aufgebaut. Im Frühjahr 1990 forderten Bürgerkomitees dessen künftige Nutzung wieder für museale Zwecke. E 7

5b *Prinzessinnenpalais (Operncafé)*

Das langgestreckte zierliche Barockpalais entstand 1733–1747 durch die von Friedrich Wilhelm Diterichs vollzogene Vereinigung zweier Wohnhäuser an dieser Stelle. 1811 zogen die drei Töchter Friedrich Wilhelms III. (→133) in dieses Palais.

Nach der Zerstörung im zweiten Weltkrieg wurde das Haus 1962/63 wiedererbaut und als Operncafé mit mehreren Restaurants eingerichtet. Die einst den Garten des Prinzessinnenpalais zu den »Linden« abgrenzende Mauer ist abgetragen. Zwischen Blumenrabatten und Springbrunnen stehen hier die Denkmäler der Feldherren der Freiheitskriege Gebhard Leberecht von Blücher, Johann David Ludwig Yorck von Wartenburg und August Wilhelm Anton Neidhardt von Gneisenau. E 7

5c *Deutsche Staatsoper*

Die 1741–1743 nach Entwürfen von Georg Wenzeslaus von Knobelsdorff in Gestalt eines korinthischen Tempels errichtete Hofoper war in ihrer klassizistischen Eleganz nicht nur der erste Neubau am Platze, sondern zugleich das erste frei stehende Theater Deutschlands.

1926–1928 erhielt die Oper ein ihre ausgewogenen Proportionen zerstörendes hohes Bühnenhaus und unschöne seitliche Anbauten. Im Krieg 1941 teilweise und 1945 völlig zerstört, wurde das Haus im ursprünglichen Zustand wiederaufgebaut und am 4. September 1955 mit Richard Wagners »Die Meistersinger von Nürnberg« wiedereröffnet. Seit Kriegsende hatte das Ensemble der Staatsoper im Admiralspalast am Bahnhof Friedrichstraße (→13a) gespielt. E 7

5d *Alte Bibliothek (»Kommode«)*

Anstelle des im ursprünglichen Plan vorgesehenen Hauses der Königlichen Akademie der Wissenschaften entstand 1775–1780 als westliche Begrenzung des Bebelplatzes die Königliche Bibliothek. Der Architekt Georg Christian Unger griff auf Entwürfe J. E. Fischer von Erlachs für den Bau der Winterreitschule der Wiener Hofburg zurück. Seiner geschwungenen Fassade wegen wird das Gebäude seit eh und je von den Berlinern »Kommode« genannt.

Im Lesesaal der Bibliothek arbeitete 1895 der junge russische Revolutionär W. I. Lenin (→162).

Wegen der ständig wachsenden Bestände wurde 1903–1914 auf der anderen Seite der »Linden« das Haus der Deutschen Staatsbibliothek erbaut.
Die ebenfalls 1945 völlig zerstörte und 1967–1969 wiederaufgebaute »Kommode« dient heute der Humboldt-Universität zu Lehrzwekken. E 7

5e *Museum für Deutsche Geschichte (Zeughaus)*
Das 1695–1706 in Anlehnung an die Pariser Akademie errichtete Bauwerk am Spreeufer eingangs der »Linden« gilt (nach dem abgetragenen Berliner Schloß; →29) als der bedeutendste Barockbau Berlins, manche meinen sogar des ganzen nördlichen Deutschlands.
Die Baumeister wechselten mehrmals. Andreas Schlüter, der die Bauleitung 1698/99 innehatte, schuf als Schlußsteine der Fensterwölbungen 22 Masken sterbender Krieger. Sie sollen vom Sieg des deutsch-polnischen Heeres über die Wien belagernde Türkenarmee angeregt sein – nach langem Streit mit dem Hohenzollernhof durften die realistisch die Schrecken des Krieges darstellenden Skulpturen nur am Innenhof angebracht werden. Die Straßenfront wurde mit Sieg symbolisierenden Trophäen verziert; vier allegorische Frauengestalten (geschaffen vom Franzosen Hulot) stellen die dem Kriegshandwerk Rückhalt gebenden Wissenschaften dar: die Rechenkunst, die Geometrie, die Mechanik und die Pyrotechnik.
In der Märzrevolution 1848 (→221) stürmte das Volk das Arsenal, um sich zu bewaffnen.
Kaiser Wilhelm I. (→195) machte aus dem Zeughaus das preußische Armeemuseum; der überdachte Innenhof war nun »Ruhmeshalle« der Hohenzollern und ihrer Eroberungen.
Seit 1953, nach Beseitigung der Kriegsschäden, hat hier das Museum für Deutsche Geschichte seinen Sitz. Mit den neuen politischen Verhältnissen in der DDR und dem Zueinanderfinden beider Teile der Stadt erhebt sich für die Berliner nun die Frage, ob sie noch ein zweites großes deutsches Geschichtsmuseum brauchen, für dessen Bau Bundeskanzler Kohl während der 750-Jahr-Feier in Westberlin den Grundstein gelegt hatte.
E 7

5f *Neue Wache*
Der 1816–1818 von Karl Friedrich Schinkel (→185) geschaffene Zweckbau für die königliche Wache war die erste Meisterleistung des Architekten. Er schuf einen kastellartigen Bau, der trotz seiner geringen Ausmaße zwischen den gewaltigen Fronten des Zeughauses und der Universität optisch nicht erdrückt wird. Ihn schmücken dorische Säulenpaare. Sie tragen ein Giebeldreieck, auf dessen Relief Kampf und Sieg, Niederlage und Flucht dargestellt sind.
Als dieser Schinkelbau 1931 unter Leitung des Architekten Heinrich Tessenow zum Ehrenmal für die Gefallenen des ersten Weltkrieges umgebaut wurde, bekam die Halle ein offenes Oberlicht über einem schwarzen Granitblock in der Mitte. Der trug einen Eichenlaubkranz aus Silber und Gold.
1951–1957 wurden die Kriegsschäden an der Neuen Wache beseitigt, und 1957 erfolgte die Einweihung als Mahnmal für die Opfer des Faschismus und Militarismus. 1969 erhielt die Neue Wache im Inneren ein völlig neues Aussehen. Das Oberlicht wurde verglast; die Stelle des Granitblocks nimmt seither ein gläsernes Prisma mit der ewigen Flamme ein, davor die symbolischen Gräber des Unbekannten Widerstandskämpfers

und des Unbekannten Soldaten. Unter Bronzeplatten werden Urnen mit der blutgetränkten Erde faschistischer Konzentrationslager und der Hauptschlachtfelder des zweiten Weltkrieges aufbewahrt. E 7

5g *Humboldt-Universität*
An dieser Stelle sollte nach den kühnen Plänen Friedrichs II. (→131) das neue Schloß seiner Residenz entstehen. Aber dann baute Johann Boumann d. Ä. 1748–1766 für den Bruder Friedrichs II., Prinz Heinrich, ein Palais. Als es nach dem Tod des Prinzen und seiner Gemahlin 1809/10 um die gewaltigen Seitenflügel ergänzt war, bot sich das der Bibliothek gegenüberliegende Haus für die von Wilhelm von Humboldt betriebene Gründung der Berliner Universität geradezu an. Sie wurde, nach König Friedrich Wilhelm III. benannt, 1810 mit 256 Studenten eröffnet. An dieser Universität lehrten so bedeutende Philosophen wie Johann Gottlieb Fichte (→127), zugleich erster Rektor, und Georg Wilhelm Friedrich Hegel (→143), weltbekannte Naturwissenschaftler wie die Physiker Max Planck und Albert Einstein (→123), Ärzte wie Rudolf Virchow (→191) und Ernst Ferdinand Sauerbruch (→184). Karl Marx (→171) war an dieser Universität als Jurastudent eingeschrieben, sein Freund Friedrich Engels (→126) als Gasthörer.
Am 8. Februar 1949 wurde die Universität zu Ehren der Brüder Alexander und Wilhelm von Humboldt (→151 und 152) umbenannt. Vor der Universität stehen auf Marmorsockeln die von Paul Otto und Reinhold Begas geschaffenen Denkmäler der gelehrten Brüder. Ihre Gestalten zu unterscheiden, fiel den Berlinern nicht schwer: Wilhelm steht in Richtung Wilhelmstraße (→8), Alexander in Richtung Alexanderplatz (→75). E 7

6 *Reichstagsgebäude*
In Sichtweite des Brandenburger Tores (→1), auf dem ehemaligen Königsplatz (heute Platz der Republik), errichtete man nach Plänen von Paul Wallot 1884–1894 anstelle des ehemaligen Palais des Grafen Raczynski mit einem für damalige Verhältnisse gigantischen Kostenaufwand von 22,3 Millionen Reichsmark das neue Gebäude des Deutschen Reichstags. Der Stil (nachempfundene italienische Hochrenaissance) des 132 Meter langen, 88 Meter breiten und (ohne Kuppel) 27 Meter hohen Baus war von Anfang an umstritten.
Am 6. Dezember 1894 zogen die Abgeordneten aus dem Provisorium ihrer Tagungsstätte in der alten Königlichen Porzellanmanufaktur (→212) in das neue Haus um. Von dieser Zeit an bis zur Machtergreifung der Nazis im Januar 1933 (→254) fielen in diesem Haus alle grundlegenden politischen Entscheidungen. Am 2. Dezember 1914 lehnte der SPD-Abgeordnete Karl Liebknecht (→164) als einziger im Reichstag die Aufnahme von Kriegskrediten ab und stimmte damit auch gegen den Beschluß seiner Fraktion. Am 9. November 1918 (→243) rief Philipp Scheidemann von einem Fenster des Hauses vor der jubelnden Menge die »Deutsche Republik« aus; fast gleichzeitig rief vom Balkon des Schlosses Karl Liebknecht die »Sozialistische Republik« aus (→27).
Keinen Monat, nachdem Hitler Reichskanzler geworden war, brannte der Reichstag (→255), was Reichspräsident Hindenburg (→146) Anlaß war, die »Notverordnung zum Schutz von Volk und Staat« zu unterzeichnen – ein Freibrief für die vorbereitete Verhaftung von Kommunisten, Sozialdemokraten und anderen Nazigegnern.
Im zweiten Weltkrieg wurde auch dieses Haus schwer getroffen. Es war eine Ruine, als am 30. April 1945 Sowjetsoldaten die rote Fahne auf dem Dach hißten.

Während der Wiederaufbauarbeiten bemühte sich die Sowjetunion vergeblich um von Sowjetsoldaten im April/Mai 1945 beschriftete Steinquader des Reichstages für das Moskauer Siegesmuseum. Trotzdem gelangten einige (über Paris) in die sowjetische Hauptstadt.
Seit 1972 dient das im wesentlichen wiederhergestellte Gebäude (die Kuppel wurde 1957 gesprengt) als Tagungsstätte für Berliner Sitzungen des Deutschen Bundestages und seiner Gremien. E 6

7 *Preußisches Abgeordnetenhaus (Landtag)*
Für die beiden Kammern des Preußischen Landtags wurde 1894–1898 nach Plänen von F. Schulze ein 260 Meter tiefer Doppelbau errichtet: der barocke Schloßbau des Herrenhauses mit dem Portal zur Leipziger Straße (→21) und das Spätrenaissance-Palais des Abgeordnetenhauses mit dem Eingang zur Prinz-Albrecht-Straße (heute Niederkirchner-Straße).
Während der Novemberrevolution 1918 (→243) hatte der Vollzugsrat der Berliner Arbeiter- und Soldatenräte im Abgeordnetenhaus seinen Sitz. Vom 16.–21. Dezember 1918 faßte hier der Reichskongreß der Arbeiter- und Soldatenräte Deutschlands den Beschluß, Wahlen zur Nationalversammlung für den 19. Januar 1919 auszuschreiben.
Zum Jahreswechsel 1918/19 wurde in einem Fraktionsraum des Abgeordnetenhauses die Kommunistische Partei Deutschlands (Spartakusbund) gegründet.
Nach dem zweiten Weltkrieg wurde das zur Zeit in der Rekonstruktion befindliche Haus von Regierungsbehörden der DDR genutzt. E 7

8 *Regierungsviertel Wilhelmstraße (Otto-Grotewohl-Straße)*
Die frühere Wilhelmstraße, genauer gesagt deren nördlicher Teil zwischen der Straße Unter den Linden (→4) und der Prinz-Albrecht-Straße (Niederkirchnerstraße), entwickelte sich aus einer eher am Stadtrand gelegenen Ansiedlung von Adelspalästen mit der Gründung des Deutschen Kaiserreiches 1871 (→224) zum in aller Welt bekannten Regierungsviertel. Die Berliner Wilhelmstraße war in der internationalen Politik ebenso ein Begriff wie der Pariser Quai d'Orsay oder die Londoner Downing Street.
Von den »Linden« aus rechter Hand (Richtung Tiergarten) befanden sich nach dem Hotel »Adlon« und der britischen Botschaft
– das Landwirtschaftsministerium,
– das Reichspräsidentenpalais,
– das Auswärtige Amt,
– das Reichskanzlerpalais (alte und dann Neue Reichskanzlei, →8a).
Es folgten südlich der Voßstraße
– die Generaldirektion der Reichsbahn,
– das Reichsverkehrsministerium,
nach der Leipziger Straße dann
– das Reichsluftfahrtministerium (→8c) und
– ein Teil des Reichssicherheitshauptamtes (→10).
Auf der gegenüberliegenden Straßenseite, wiederum von den »Linden« aus, befanden sich
– das Bildungsministerium,
– das Justizministerium,
– der Preußische Staatsrat,
– das Reichspropagandaministerium (→8d),
– das Finanzministerium und
– das Postministerium.
Lange Zeit lag die Fläche zwischen der nach dem ersten DDR-Minister-

präsidenten Otto Grotewohl (→140) benannten Straße und der Mauer am Tiergarten brach. Seit Mitte der 80er Jahre entstand hier ein modernes Wohnviertel, das wohl auch mit dem Gedanken konzipiert war, die letzten Spuren der einstigen Zentrale des Hitlerreichs zu verwischen. E 7

8a *Reichskanzlei*
Amtssitz des deutschen Reichskanzlers wurde das umgebaute und erweiterte ehemalige Palais des Fürsten Radziwill (Wilhelmstraße 77, nördlich der Voßstraße) 1876, als Otto von Bismarck (→108) hier einzog. In diesem Haus tagte vom 13. Juni–13. Juli 1878 der Berliner Kongreß, mit dem das Deutsche Reich in die Reihe der Kolonialmächte aufrückte.
Am 10. November 1918 wurde im Großen Saal der Reichskanzlei der Rat der Volksbeauftragten als Provisorische Revolutionsregierung unter Friedrich Ebert (→121) gebildet. Adolf Hitler (→147) ließ das Kanzlerpalais 1938 abreißen und zur Voßstraße hin von Albert Speer die gigantisch-klotzige Neue Reichskanzlei errichten. E 7

8b *Führerbunker*
Auf der Nordseite des Areals der Neuen Reichskanzlei (Richtung Brandenburger Tor, etwa in Höhe der gedachten Linie der verlängerten Johannes-Dieckmann-Straße), hatte Hitler den Führerbunker anlegen lassen, dessen von meterdickem Stahlbeton ummantelte Kasematten Schutz vor eventuellen Kriegseinwirkungen bieten sollten. Im Führerbunker begingen Adolf Hitler (→147) und seine Lebensgefährtin Eva Braun Selbstmord (→268).
Nach 1945 von den Besatzungstruppen gesprengt, lagen die Reste des Führerbunkers ab August 1961 im gesperrten Grenzgebiet. Die letzten sichtbaren Trümmer wurden bei den Erschließungsarbeiten für den Neubaukomplex Otto-Grotewohl-Straße Ende der 80er Jahre beseitigt. E 7

8c *Reichsluftfahrtministerium (Haus der Ministerien)*
Mit dem Hauptportal zur Leipziger Straße (→21) wurde 1935/36 entlang der Wilhelmstraße bis zur Prinz-Albrecht-Straße ein äußerlich nüchternes, gigantisches Gebäude errichtet. Architekt Ernst Sagebiel hatte den Auftrag, den ausländischen Besuchern der Olympischen Spiele in der faschistischen Reichshauptstadt (→259) dieses Gebäude als »Symbol des neuen Berlin« zu präsentieren. Tatsächlich wollte Hermann Göring (→137) als Oberbefehlshaber der faschistischen Luftwaffe mit dem pompösen Bau (mehr als 2000 Büros, dazu Sitzungs- und diverse Festsäle, Ehrenhof und Pfeilerhalle) den Führungsanspruch seiner Waffengattung demonstrieren. So belegte er auch das neben dem neuen Ministerium gelegene Preußische Abgeordnetenhaus (→7) als »Haus der Flieger«. Von Göring, der auch für die Fliegerabwehr verantwortlich war, stammt der großmäulige Spruch: »Wenn nur ein einziges feindliches Flugzeug Berlin erreicht, will ich Meier heißen!«
In diesem Ministerium arbeitete von 1936–1942 eine vom Flieger-Oberleutnant Harro Schulze-Boysen und von Arvid Harnack vom Wirtschaftsministerium geleitete Widerstandsgruppe. Als sie 1942 kriegswichtige Informationen in die Sowjetunion funkte, wurde sie entdeckt. Von den 118 Verhafteten wurden zwischen 46 und 58 Mitglieder der Gruppe in Plötzensee (→59) hingerichtet.
Am 7. Oktober 1949 wurde im Festsaal dieses Hauses die DDR gegründet (→277); seitdem hatten hier DDR-Ministerien ihre Räume. E 7

8d *Reichspropagandaministerium*
Aus dem Wilhelm-/Ecke Voßstraße gelegenen Gebäude leitete Joseph Goebbels (→ 135) vom 14. März 1933 an das faschistische Ministerium für Volksaufklärung und Propaganda; später war er auch Präsident der Reichs-Kulturkammer der Nazis. In bisher einmaliger Weise nutzte Goebbels mit seinem Ministerium die damals neuen Techniken der Massenkommunikation (unter anderem Tonfilm, Rundfunk, aber auch Presse, Theater, Literatur, Kunst und Bildung) skrupellos zur totalen politischen Meinungsmanipulierung im Sinne der Hitlerregierung.
Von hier aus wurden Aktionen wie die Bücherverbrennung auf dem Bebelplatz (→ 5) im Mai 1933 vorbereitet (→ 256), die Hetze gegen »entartete Kunst« betrieben (→ 5a) und die »Reichskristallnacht« (November 1938; → 261) gegen die Juden im ganzen Reich publizistisch organisiert.
Beim Goebbels-Ministerium arbeitete ein Beraterstab, dem Vertreter der IG Farben, des Siemenskonzerns, der Ruhrkonzerne und verschiedener Großbanken angehörten. **E 7**

9 *Volksgerichtshof*
In der Bellevuestraße 15 (auf dem jetzigen Freigelände am Potsdamer Platz) hatte ab Mai 1935 im Haus des früheren König-Wilhelm-Gymnasiums der berüchtigte faschistische Volksgerichtshof seinen Sitz. Er war am 24. April 1934 vor allem zur rigorosen Aburteilung von Nazigegnern geschaffen worden; seine Richter wurden von Adolf Hitler (→ 147) persönlich ernannt.
Insgesamt 5 200 vom Volksgerichtshof gefällte Todesurteile wurden vollstreckt. Zu den Opfern der Willkürjustiz gehörten unter anderen die Mitglieder der Münchner Widerstandsgruppe »Weiße Rose« und die Männer des 20. Juli 1944 (→ 266).
Als Blutrichter tat sich vor allem Roland Freisler hervor (→ 129), der im August 1942 Präsident des Volksgerichtshofs wurde. Im Februar 1945 wurde das Gebäude bei einem Bombenangriff getroffen. Freisler soll im Luftschutzkeller von einem herabstürzenden Balken erschlagen worden sein. **E 6**

10 *Gestapo-Zentrale (Prinz-Albrecht-Straße)*
Wenige Schritte vom Grenzübergang Friedrichstraße, hinter dem Gropius-Bau (→ 11), sind noch die gefliesten Keller und Fundamentreste der berüchtigten Häuser an der Prinz-Albrecht-Straße (heute Niederkirchner-Straße, unmittelbar an der Mauer) zu sehen. Im Haus Nr. 8, der früheren Kunstgewerbeschule, hatte die aus der Politischen Polizei hervorgegangene Geheime Staatspolizei (Gestapo) ihren Sitz. Es gab keinerlei juristische Einspruchsmöglichkeiten gegen eine Festnahme durch die Gestapo; in den Haftzellen wurden Antifaschisten und zufällig in die Mordmaschinerie Geratene verhört, in vielen Fällen auch gefoltert oder erschlagen.
Auf dem Nachbargrundstück, im ehemaligen Hotel »Prinz Albrecht«, war ab 1934 Heinrich Himmler, der Reichsführer SS, mit seinem Stab untergebracht.
Im Prinz-Albrecht-Palais in der Wilhelmstraße (Einmündung Kochstraße), das 1830 von Karl Friedrich Schinkel (→ 185) für Prinz Albrecht von Preußen aus einem älteren Gebäude hergerichtet worden war, hatte in der Nazizeit der Sicherheitsdienst des Reichsführers SS sein Hauptquartier. In diesem Haus waren alle tatsächlichen und potentiellen »Staatsfeinde« (nicht nur Antifaschisten, sondern auch Juden, Homosexuelle usw.) auf Karteikarten registriert.

Ab 1939 wurden diese drei Einrichtungen zu dem von Himmler geleiteten Reichssicherheitshauptamt zusammengefaßt. Noch 1939 wurde das von Adolf Eichmann geleitete Referat IV B 4 für »Judenangelegenheiten« gebildet, das die systematische Ausrottung aller deutschen und europäischen Juden detailliert plante und vorbereitete.
Die gegen Ende des Krieges völlig zerstörten Häuser wurden 1949 abgetragen; erst 1986 wurden nach massivem öffentlichem Druck die blutigen Spuren der Geschichte wieder sichtbar gemacht und die Reste der Gestapo-Folterzellen freigelegt. **E 7**

11 *Gropiusbau*
Neben den Ruinen der zerstörten Gestapo-Zentrale (→ 10) ist an der früheren Prinz-Albrecht-Str. 7 (der jetzigen Niederkirchner-Straße) nach dem zweiten Weltkrieg der 1877–1881 errichtete letzte und schönste Bau des Schinkel-Schülers Martin Gropius (→ 144) wiederhergestellt worden.
In diesem Haus war von 1881 bis 1921 das Berliner Kunstgewerbemuseum untergebracht. Seit 1981 finden hier wichtige Berliner Ausstellungen statt. **E 7**

12 *Platz der Akademie (Gendarmenmarkt)*
Der einstige Gendarmenmarkt in unmittelbarer Nähe der Friedrichstraße (→ 13b) hat seinen Namen nicht etwa von gewöhnlichen Gendarmen: Rund um den damaligen Mittelplatz der Friedrichstadt (→ 3) waren 1735–1738 Pferdeställe des vornehmsten Kürassierregiments Gens d'armes errichtet worden.
Der Platz wurde Ende des 18. Jahrhunderts in Anlehnung an die Plazza del Popolo in Rom völlig neu gestaltet; durch das ihn umgebende bedeutendste Ensemble des Berliner Klassizismus gilt er als einer der schönsten Europas. An der Nordseite des Platzes nahmen die Berliner am 22. März 1848 Abschied von den dort aufgebahrten Opfern der bürgerlich-demokratischen Revolution; sie zwangen sogar den König, sich vor den »Märzgefallenen« zu verneigen.
1950 erhielt der Platz aus Anlaß des 250jährigen Gründungsjubiläums der preußischen Akademie der Wissenschaften (→ 210) den neuen Namen; die Akademie der Wissenschaften hat ihren Sitz in einem Gebäude der Ostseite des Platzes (einst Domizil der Königlichen Seehandelsgesellschaft). **E 7**

12a *Schauspielhaus*
Im Mittelpunkt der Anlage steht das 1819–1821 nach Entwürfen Karl Friedrich Schinkels (→ 185) errichtete Schauspielhaus. Es war der erste Großbau dieses für Berlin bedeutenden Architekten – steingewordener Ausdruck geistiger Erneuerung nach den Befreiungskriegen 1813.
Am 26. Mai 1821 wurde das neue Haus mit Goethes »Iphigenie auf Tauris« eröffnet. Einen Monat später (18. Juni) dirigierte Carl Maria von Weber (→ 193) hier die Premiere seines »Freischütz«.
Im nach schweren Kriegsschäden wiederaufgebauten Schauspielhaus (Wiedereröffnung am 1. Oktober 1984) nimmt der große Konzertsaal die Fläche des Zuschauerraums und der Bühne des einstigen Theaters ein. Für die Besuchern zugänglichen Räumlichkeiten (neben dem Konzertsaal unter anderem der Kammermusiksaal und die Foyers) Quasi-Neubaus wurden die Schinkelschen Vorlagen modifiziert.
Das Schiller-Denkmal vor der Freitreppe des Hauses (von Reinhold Begas 1871 geschaffen) war im zweiten Weltkrieg in den Westteil Berlins ausgelagert worden und kehrte erst 1988 an seinen Standort zurück. Die Lyrik,

Dramatik, Geschichte und Philosophie darstellenden Figuren zu Schillers Füßen fanden sich in Ost-Berlin an.
In das Pflaster vor dem Schauspielhaus sind Granittafeln eingelassen mit Lobessprüchen auf Berlin von Beethoven, Schiller, Forster und Hegel (→143). Ein daneben angebrachter Spruch Erich Honeckers (→149) wurde Anfang 1990 diskret durch Pflastersteine ersetzt. E 7

12b *Französischer Dom*
Der nach Norden gelegene Dom ist der Französische, der bei näherer Betrachtung eine Kirche mit Vorturm ist. Tatsächlich hatte Friedrich II. (→131) aus Freude am interessanten architektonischen Effekt den beiden Kirchen am Platze von den Architekten Carl von Gontard und Georg Christian Unger 1780–1785 je einen 78 Meter hohen Kuppelturm vorsetzen lassen. Sie waren und sind übrigens in Staatsbesitz und dienen seit jeher weltlichen Zwecken. Die dahinter liegende Französische Kirche wird von der französisch reformierten Gemeinde bis heute zu Gottesdiensten genutzt. Der Turmbau des Doms mit Glockenspiel und imposanter Aussichtsplattform beherbergt ein Weinrestaurant. In den unteren Etagen des Hauses erinnert das Hugenotten-Museum an die Einwanderung französischer Protestanten ab 1685 (→209). E 7

12c *Deutscher Dom*
Für die Wiederherstellung dieses letzten vom Krieg gezeichneten Baus am Platz der Akademie wurden bis 1989 von der DDR-Regierung 45 Millionen Mark bereitgestellt. Um die noch notwendigen weiteren 65 Millionen Mark für die Restaurierung aufzubringen, ist im März 1990 eine Ost West-»Stiftung Kunstforum« gegründet worden.
Ab 1993 soll der Deutsche Dom mit 2655 Quadratmetern Schaufläche die Funktion eines Europäischen Ausstellungszentrums im Herzen Berlins übernehmen. Er verbindet schon durch seine Lage zwischen dem Kunstzentrum Museumsinsel im Osten (→32) und dem Kunstforum Tiergarten im Westen (→42) der Stadt. E 7

13a *Friedrichstraße (Nordteil)*
Die Friedrichstraße galt nicht nur als eine der aufregendsten, sondern mit ihren schnurgeraden 3,3 Kilometern vom ehemaligen Oranienburger Tor (heute etwa Ecke Wilhelm-Pieck-Straße) bis zum Halleschen Tor als längste Straße der Innenstadt. Berliner Lehrer behaupteten noch bis in die 50er Jahre unseres Jahrhunderts vor ihren Schülern, daß man vom Belle-Alliance-Platz (heute Mehringplatz) aus an der Friedrichstraße die Erdkrümmung sehen könne! Bislang war das wegen der Sperrbauten am Checkpoint Charlie (→19) nicht mehr nachprüfbar.
Direkt am Bahnhof Friedrichstraße befindet sich der ehemalige berühmte Admiralspalast, 1910 erbaut mit Café, »Lichtbildtheater«, Eisarena und einem luxuriösen Bad. Der rückwärtige Trakt des Hauses wurde 1922 zum Theater umgebaut (heute Metropol-Theater). Im Theatersaal vereinigten am 21. und 22. April 1946 KPD- und SPD-Delegierte aus der damaligen sowjetischen Besatzungszone ihre Parteien zur SED. Zu paritätischen Vorsitzenden der Partei wurden Wilhelm Pieck (→179) und Otto Grotewohl (→140) gewählt.
Gegenüber befindet sich der »Tempel der Tränen«, bis zur Grenzöffnung am 9. November 1989 der für DDR-Bürger und ihre Westberliner Verwandten wohl wichtigste Grenzübergang.
Jenseits der Weidendammer Brücke (→18) führt ein kleiner Park zum Theater am Schiffbauerdamm (→17), von Bertolt Brecht (→113) weltberühmt gemacht.

An der in die Friedrichstraße mündenden Reinhardtstraße steht der Neubau des Friedrichstadtpalasts (→38d). Das in der DDR und auch international populäre Varieté hatte im inzwischen abgetragenen ehemaligen Zirkus Schumann Furore gemacht.
Erwähnenswert, wenn auch nur noch Ruine, das kurz vor Kriegsende ausgebrannte ehemalige Kaufhaus Wertheim nördlich der Johannisstraße, das als »Passagenkaufhaus« bei den Berlinern bekannt und mit einer 50 Meter hohen Kuppel über dem Durchgang zur Oranienburger Straße auch nicht zu übersehen war. E 7

13b *Friedrichstraße (Südteil)*
Nach der Kreuzung mit der Straße Unter den Linden (→4) wurde die Friedrichstraße mehr Geschäfts- als Vergnügungsboulevard. In dieser Gegend hatten die großen deutschen Banken und Handelshäuser ihre Zentralen; die Deutsche Bank beispielsweise in dem pompösen Komplex Behren-/Mauerstraße, in dem heute das Innenministerium der DDR seinen Sitz hat.
Zwischen Behren- und Französischer Straße stand auf westlicher Seite (Richtung Brandenburger Tor) das Haus der Münchner Pschorr-Brauerei, in dessen Obergeschoß sich das beliebte Castan-Panoptikum befand; nur noch übertroffen vom Wachsfigurenkabinett »Passagen«-Panoptikum in der Kaiser-Galerie gegenüber (dort, wo heute das Grand-Hotel steht).
Auf der anderen Seite der Kreuzung Friedrichstraße/Französische Straße stand eine der in den März-Kämpfen der bürgerlich-demokratischen Revolution 1848 (→221) errichteten Barrikaden. Hier fiel der 17jährige Berliner Schlosserlehrling Ernst Zinna im Kampf gegen die vom König gegen die Aufständischen geschickten Truppen. E 7

14 *Dorotheenstädtischer Friedhof*
Unmittelbar neben dem Brecht-Haus in der Chausseestraße findet sich der Eingang zu dem wohl bemerkenswertesten Friedhof des alten Berlin. Auf dem 1762 – damals noch außerhalb des Oranienburger Stadttors – angelegten Dorotheenstädtischen Friedhof sind bedeutende Persönlichkeiten deutscher Kultur und Kunst, Wissenschaft und Politik bestattet. Linker Hand, dem Rundgang durch die Friedhofswege folgend, sind das unter anderen: E. Th. Litfaß (Erfinder der für Berlin typischen Litfaßsäulen); der Schriftsteller Bertolt Brecht (→113) und seine Frau, die Schauspielerin Helene Weigel; die Schriftsteller Heinrich Mann (→169), Johannes R. Becher (einst Kulturminister der DDR) und Johannes Tralow; die Philosophen Georg Wilhelm Friedrich Hegel (→143) und Johann Gottlieb Fichte (→127); an der Grenze des Friedhofs zur Hannoverschen Straße die Bildhauer Johann Gottfried Schadow und Christian Daniel Rauch.
Auf dem direkt nebenan befindlichen Friedhof der französisch reformierten Gemeinde sind unter anderen der Maler Daniel Chodowiecki und die Schauspieler Ludwig Devrient und Heinrich Greif bestattet. F 7

15 *Borsighaus*
Das Haus in der Chausseestraße 13 (gegenüber dem Brecht-Haus und dem Dorotheenstädtischen Friedhof; →14) ist das 1899 von Reimer und Kröte erbaute Stammhaus der 1837 gegründeten »Eisengießerei und Maschinenbauanstalt von August Borsig« (→110).
Hier, vor dem Oranienburger Tor, war in der ersten Hälfte des 19. Jahrhunderts die Keimzelle der Berliner Industrie entstanden – neben Borsig und Schwartzkopff errichteten hier auch andere namhafte Vertreter des deutschen Maschinenbaus erste Fabriken. 1860 war Borsig mit mehr als

2000 Beschäftigten der größte Arbeitgeber der Stadt. Vor allem durch den Lokomotivbau wurde die Firma Borsig in ganz Deutschland bekannt. 1898 wurden die Produktionsstätten nach Tegel verlegt. Das an der Fassadenfront mit der Figur eines bronzenen Schmieds geschmückte Verwaltungsgebäude der Firma Borsig erinnert an ein wichtiges Kapitel Berliner Industriegeschichte. F 7

16 *Deutsches Theater*
In der Schumannstraße 13 (nördlich des S-Bahnhofes Friedrichstraße) war 1850 von Eduard Titz das Friedrich-Wilhelm-Städtische Theater errichtet worden. Am 29. September 1883 wurde in diesem Haus von einer Gruppe vermögender Berliner Schauspieler das Deutsche Theater eröffnet, das bis in die jüngste Zeit Theatergeschichte schrieb. Mit den Aufführungen der Stücke Gerhart Hauptmanns, Hendrik Ibsens und August Strindbergs wurde vor allem an dieser Bühne dem naturalistischen Drama Ende des 19. Jahrhunderts der Weg zum Publikum geebnet.
Von 1905 bis 1932 leitete der legendäre Max Reinhardt (→181) das Deutsche Theater, das er 1906 um die benachbarten Kammerspiele erweiterte.
International hoch geachtet für erstklassige deutsche Schauspielkunst blieb das Deutsche Theater auch nach dem zweiten Weltkrieg. Bertolt Brecht (→113) inszenierte als Gast dieses Hauses nach seiner Rückkehr aus US-amerikanischem Exil 1949 seine »Mutter Courage«.
Unter den Intendanten Wolfgang Langhoff und Wolfgang Heinz profilierte sich das Deutsche Theater zur führenden Bühne der DDR.
Im September 1983 wurde das Haus nach kostspieliger Rekonstruktion anläßlich seines 100. Gründungstages wiedereröffnet. F 7

17 *Theater am Schiffbauerdamm*
Am nördlichen Spreeufer, dem S-Bahnhof Friedrichstraße gegenüber, befindet sich das Theater am Schiffbauerdamm; schon von weitem durch das sich auf der Turmspitze drehende Signet des Berliner Ensembles zu sehen.
An dieser Stelle sollen noch bis ins 18. Jahrhundert Spreekähne auf Kiel gelegt worden sein. 1891–1892 erbaute H. Seeling das Haus des mit 800 Sitzplätzen ausgestatteten Neuen Theaters. Im Eröffnungsjahr 1892 wurde hier Gerhart Hauptmanns Drama »Die Weber« uraufgeführt. Als der berühmte Max Reinhardt (→181) 1904 die Direktion dieses Theaters übernahm, ließ er den Orchesterraum und eine Drehbühne einbauen. 1905 erlebte der große russische Dichter Maxim Gorki hier eine von Reinhardt inszenierte Vorstellung seines in Berlin damals sensationell erfolgreichen Stücks »Nachtasyl« mit. Bertolt Brechts (→113) besondere Liebe zu diesem Haus geht wohl darauf zurück, daß sein großer Durchbruch als Dramatiker mit der »Dreigroschenoper« verbunden ist, die an diesem Theater 1928 uraufgeführt wurde. 1949 aus dem Exil zurückgekehrt, übernahm er mit der Leitung des Berliner Ensembles das Theater am Schiffbauerdamm als ständige Spielstätte. Unter Brechts Leitung wurde das Ensemble in wenigen Jahren weltberühmt. Nach seinem Tod führte seine Frau Helene Weigel das Theater als Prinzipalin weiter; es gilt bis heute als international führendes Brecht-Theater. F 7

18 *Weidendammer Brücke*
Der Name dieser Spreebrücke stammt aus der Zeit, als tatsächlich dem Bild dieser Gegend entsprach: Anstelle der heutigen Friedrichstraße (→13a, 13b) führte ein von Weiden gesäumter Damm zum Flußüber-

gang: 1685 zunächst als hölzerne Zugbrücke (auch die »Dorotheenstädtische« oder »Spandauer« genannt), nach 1826 als gußeiserne Bogenbrücke mit hölzernem Klappendurchlaß. Durch den Ausbau des Hauptarms der Spree für die Großschiffahrt bekam die 1895–1897 neu gebaute Brücke eine größere Durchfahrtshöhe und die uns heute bekannte Gestalt.
E 7

19 *Checkpoint Charlie*
Den heute in aller Welt bekannten Grenzübergang Friedrichstraße/Ecke Zimmerstraße gab es erst seit dem Bau der Mauer (→285) am 13. August 1961. Benannt hat ihn die für den angrenzenden Sektor als alliierte Siegermacht zuständige US-Army. Nach dem dort vorgeschriebenen Alphabet hießen die Grenzübergänge Helmstedt »Alpha«, Dreilinden »Bravo« und Friedrichstraße demzufolge »Charly«.
Nachdem von den anfangs dreizehn Übergängen zu den Westsektoren die meisten geschlossen worden waren, spitzte sich im Herbst 1961 am Checkpoint Charlie die Berlin-Krise gefährlich zu: Als US-Militärs jede Kontrolle durch die Grenzbehörden der DDR verweigerten und Militärpolizisten mit aufgepflanztem Bajonett die Passage erzwungen hatten, standen sich am heute noch sichtbaren weißen Grenzstrich quer über die Friedrichstraße am 27. Oktober 1961 erstmals in der Geschichte der beiden Supermächte amerikanische und sowjetische Panzer in direkter Konfrontation gegenüber. Die Welt atmete auf, als sich beide Seiten am nächsten Morgen bis zum Mehring-Platz bzw. Unter den Linden zurückzogen. Erst im Januar 1962 kehrten die Panzer zurück in die Kasernen.
In den folgenden Jahren kam es am Checkpoint Charlie immer wieder zu spektakulären Fluchtversuchen, die im Mauer-Museum Friedrichstraße/Ecke Kochstraße dokumentiert sind. E 7

20 *Potsdamer Platz*
Belebtester Platz des Vorkriegs-Berlin am westlichen Ende der Leipziger Straße (→21). Um des Verkehrs Herr zu werden, wurde hier der erste Turm zur Verkehrsregelung errichtet, auf den die Einführung der heute überall üblichen Ampelsignale grün, gelb, rot zurückgeht. Zwei Fernbahnhöfe (Potsdamer Bahnhof, Anhalter Bahnhof) in unmittelbarer Nähe, dazu Kaufhäuser, Cafés und Dutzende Amüsierbetriebe sorgten bei Tag und Nacht für Betrieb.
Nach Kriegsende Dreisektoreneck – hier stoßen die Stadtbezirke Tiergarten (britisch), Kreuzberg (amerikanisch) und Mitte (sowjetisch verwalteter Sektor) aufeinander. Die Folge davon: Der Platz war nach 1945 ein Dorado der Schwarzhändler.
Während des ersten Weltkrieges hatten auf diesem Platz Massenkundgebungen gegen die Fortsetzung des Krieges stattgefunden; bei der größten am 1. Mai 1916 wurde der Redner Karl Liebknecht (→164) verhaftet.
Bei den Arbeiterunruhen am 17. Juni 1953 (→281) war der Potsdamer Platz Ziel Tausender Demonstranten. Dabei wurde das Columbiahaus in Brand gesteckt.
In den 50er Jahren installierte man auf dem Westberliner Teil des Platzes eine 20 Meter hohe Leuchtschrift (»Die freie Presse meldet ...«), die politisch unbequeme Nachrichten Richtung Osten ausstrahlte. Dort konterte man mit einem ebenso hohen Gerüst direkt davor mit der Aufschrift: »Der kluge Berliner kauft bei der HO.«
Mit dem Bau der Berliner Mauer (→285) und der Beseitigung der markantesten Bauwerke – Potsdamer Bahnhof, Columbushaus, Haus Vaterland – verödete der traditionelle Platz im Zentrum zwischen den beiden

Teilen der Stadt. Seit der Öffnung der Mauer im November 1989 (→299) ist er umworbenes Objekt neuer Gestaltungsideen aus Ost und West. Deshalb wurden die auf Ostberliner Seite Richtung Otto-Grotewohl-Straße begonnenen Wohnungsbauvorhaben Anfang 1990 ausgesetzt. E 6

21 *Leipziger Straße*

Diese Ost-West-Achse der alten Friedrichstadt (→3) führt vom Spittelmarkt zum Leipziger Platz und Potsdamer Platz (→20). Ihren Namen bekam die Straße nach der Völkerschlacht bei Leipzig 1813. Bis zum zweiten Weltkrieg war sie eine der beliebtesten Einkaufsstraßen der Stadt: Am Leipziger Platz stand das große Kaufhaus Wertheim (1897–1904 von A. Messel errichtet) – das erste große Berliner Warenhaus. Es reichte bis zur Voßstraße und hatte eine Etagenfläche von mehr als 18000 Quadratmetern.

Am anderen Ende der Straße (Nähe Jerusalemer Straße) stand das nicht minder bekannte Warenhaus Tietz (→189); 1898–1900 nach Entwürfen von B. Sehring/U. Lachmann gebaut und 1912 zum heute nicht mehr existierenden Dönhoffplatz erweitert. In der Nähe des Leipziger Platzes war bis 1870 die Königliche Porzellanmanufaktur zu finden (→212). An dieser Stelle entstand 1901–1904 nach Plänen von F. Schulze das Preußische Herrenhaus im Stil der Neorenaissance; ein Durchgang verband es mit dem Abgeordnetenhaus Preußens (→7).

Vom Flair der Leipziger Straße ist wenig geblieben; Einfallslose Hochhäuser, 1969–1980 errichtet, bieten zwar Wohnungen in City-Lage, aber erst Ende der 80er Jahre hatten die Stadtarchitekten die Möglichkeit, an der Kreuzung Friedrichstraße/Leipziger Straße mit dem Gebäude des Restaurants »Peking« den Reiz einer Wiederherstellung der alten Architektur anzudeuten.

Westwärts, an der Ecke Mauerstraße, ist ein zweites Gebäude der alten Leipziger Straße erhalten geblieben: das Postmuseum, erbaut 1871–1873, Ende des 19. Jahrhunderts erweitert. 1872 war dieses Museum zur Geschichte des deutschen Postwesens vom Begründer des Weltpostvereins, Staatssekretär Heinrich von Stephan, eingerichtet worden. Seit 1958 ist es Besuchern wieder zugänglich; allerdings ohne die im Krieg ausgelagerte kostbare Briefmarkensammlung. E 7

22 *Spittelkolonnaden*

Am östlichen Ende der Leipziger Straße (Richtung Spittelmarkt) wurde 1979 die Hälfte der von Carl von Gontard 1776 zur Verdeckung des ehemaligen Festungsgrabens geschaffenen Spittelkolonnaden wieder aufgestellt. Davor steht nun die Kopie einer Postmeilensäule von 1730, die an dieser Stelle, auf dem nicht mehr existierenden Dönhoffplatz, ihren ursprünglichen Standort hatte. Das ebenfalls einst auf dem Dönhoffplatz stehende Denkmal des Freiherrn von Stein (geschaffen von Hermann Schievelbein 1875) ist heute Unter den Linden (→4) zu bewundern, gegenüber dem Museum für Deutsche Geschichte (Zeughaus; →5a). E 7

23 *Gertraudenbrücke*

Fast bescheiden tritt die heute Fußgängern vorbehaltene Gertraudenbrücke hinter ihrer 1976 eingeweihten sechsspurigen Schwester aus Beton zurück.

Dabei steht sie auf uraltberliner Boden: Hier gab es schon zu Zeiten der ersten urkundlichen Erwähnungen der Stadt (→203) die damalige Cöllnische Brücke, die zweigeteilt war – von jedem Ufer führte ein Zugang zur

Insel in der Flußmitte. 1738 entstand eine nach damaligen Maßstäben moderne Klappbrücke mit Zug- und Gegengewicht. 1894–1895 wurde sie im Zuge der Rekonstruktion der Wasserwege durch den gesamten Stadtkern in der jetzt zu erlebenden Form erneuert; ein Jahr darauf kam die drei Meter hohe Heilige Gertraude (von Rudolf Siemering entworfen) zu ihrem Ehrenplatz. Sie galt als Schutzpatronin der Spitäler und Beschützerin der fahrenden Schüler. Das hatte seinen guten Sinn: Über diese Brücke führte der Weg zum Gertraudenhospital am Spittelmarkt. E 7

24 *Jungfernbrücke*

Die älteste im Originalzustand erhaltene Brücke Berlins ist die Jungfernbrücke. Sie führt von der Ost-Front des Gebäudekomplexes an der Oberwasserstraße, in dem das ehemalige Zentralkomitee der SED (→25) seinen Sitz hatte, hinüber zur Sperlingsgasse. Sie ist nach holländischem Vorbild 1798 als Zugbrücke erbaut worden.

Die Funktionsweise kann man sich noch heute ansehen: Die beiden hölzernen Zugklappen konnten per Hand mit über Spillräder laufenden eisernen Ketten die acht Meter breite Mittelöffnung für die Schiffe frei machen.

Auch diese Brücke wurde im zweiten Weltkrieg schwer beschädigt, konnte aber 1954 restauriert werden. E 7

25 *Gebäude des ehemaligen ZK der SED (Reichsbank)*

Das Zentralkomitee der 1946 durch Vereinigung von KPD und SPD gegründeten Sozialistischen Einheitspartei Deutschlands (→13a) war die eigentliche Zentrale der politischen Macht in der DDR. Seit 1959 – erst unter Walter Ulbricht (→190), dann bis zu dessen Sturz im Oktober 1989 unter Generalsekretär Erich Honecker (→149) – hatte das ZK seinen Sitz im Gebäudekomplex am Werderschen Markt (zwischen Kursträße und Kupfergraben). Das Arbeitszimmer des SED-Generalsekretärs befand sich wie die Räume der anderen Mitglieder des Politbüros in der ersten Etage des seinerzeit streng bewachten Hauses. H. Wolf hatte den vielzimmrigen, mit Sandsteinplatten verkleideten Stahlskelettbau 1934–1938 für die Deutsche Reichsbank entworfen. E 7

26 *Friedrichswerdersche Kirche*

Am Werderschen Markt, hinter dem Außenministerium, steht die 1829–1830 von Karl Friedrich Schinkel (→185) errichtete Friedrichswerdersche Kirche – der erste Sakralbau des begnadeten Architekten, also die erste bedeutende Backsteinkirche Berlins. Sie ist in neogotischem Stil ausgeführt, mit einer doppeltürmigen Fassade und einschiffigem Saalbau. Die Tür des Hauptportals zieren Gußmedaillons von F. Tieck.

Das noch am 29. April 1945 durch Artilleriebeschuß schwer beschädigte Gotteshaus stand lange leer. Nach umfangreicher Rekonstruktion wurde es 1987 als Schinkel-Museum wiedereröffnet. E 7

27 *Staatsratsgebäude*

An der Südseite des Marx-Engels-Platzes, zwischen Marstall (→30) und Spreekanal, wurde 1962–1964 nach Entwürfen eines Architektenteams unter Leitung von R. Korn/H. Bogazky der Amtssitz des Staatsrates der DDR errichtet. Vor das Treppenhaus wurde das Portal IV des ehemaligen Berliner Schlosses (→29) gesetzt, bis auf wenige Ausnahmen aus den einzig erhaltenen Originalteilen des Königsschlosses bestehend. Vom Balkon dieses Portals hatte Karl Liebknecht am 9. November 1918 die sozialistische Republik ausgerufen (→243, 164). E 7

28 *Palast der Republik*
Der dominierende Bau des Marx-Engels-Platzes ist der (die gesamte Ostseite entlang der Spree einnehmende) Palast der Republik. Er wurde 1973 bis 1976 nach Plänen von H. Graffunder, W. Eisentraut und anderen errichtet als neue Tagungsstätte der Volkskammer der DDR (Plenarsaal und Fraktionsräume auf der Domseite) sowie als zentrales Kongreß- und Kulturzentrum. Der Große Saal bietet bis zu 5000 Gästen Platz; hier fanden seit 1976 die Parteitage der SED statt.
In der vierten Etage ist das Theater im Palast (TiP) mit 250 Plätzen untergebracht. In den anderen Etagen gibt es Restaurants und Cafés sowie eine Bowlingbahn im Keller an der Spree.
Im Hauptfoyer (2. und 3. Etage) befindet sich eine ständige Galerie namhafter DDR-Maler – u. a. mit Werken von Bernhard Heisig, Wolfgang Mattheuer, Arno Mohr, Werner Tübke. E 7

29 *Berliner Schloß*
Das königliche Schloß erhob sich auf etwa drei Vierteln des Gevierts zwischen den beiden Spreearmen, im Norden an den Lustgarten, im Süden an den heute nicht mehr existierenden Schloßplatz vor dem Marstall (→30) grenzend.
Es bedarf der Phantasie, sich anstelle des Palastes der Republik (→28) und des davor befindlichen Parkplatzes einen imposanten klassizistischen viergeschossigen Gebäudekomplex vorzustellen. Kurfürst Friedrich II. (»Eisenzahn«) hatte den Berlinern als ältestes Stück den »grüner Hut« genannten Rundturm seiner 1443–1451 erbauten Burg an der Ostseite (Richtung Rotes Rathaus; →77) hinterlassen. Schlüter, Schinkel, Schadow und viele andere berühmte Architekten und Baumeister waren jeweils zu ihrer Zeit mit dem Aus- und Umbau der königlichen Gemächer beschäftigt; zum Schluß soll man mehr als 700 Zimmer, Suiten, Säle gezählt haben. Die 1888–1889 letztmals eingerichteten kaiserlichen Wohnräume lagen übrigens im ersten Stockwerk, zum damaligen Schloßplatz hin (Richtung Breite Straße/Staatsratsgebäude; →27).
Bei den schweren Bombenangriffen auf Berlin wurde das Schloß kurz vor dem Ende des zweiten Weltkrieges schwer getroffen. Auf Beschluß der Regierung der DDR wurden die Reste Anfang der 50er Jahre abgetragen und der Platz in Marx-Engels-Platz umbenannt, auf dem bis in die 80er Jahre große Demonstrationen und Kundgebungen der SED abgehalten wurden.
Auf der Westseite des Platzes, am Ufer des Spreekanals, gegenüber dem Außenministerium, erkennt man noch die Fundamente des 1897 nach einem Entwurf von Reinhold Begas gegossenen, neun Meter hohen Nationaldenkmals Kaiser Wilhelm I. Mit allem Drum und Dran (das Reiterstandbild umgab ein halbkreisförmiger Hallenbau) soll das gigantische Werk die damals astronomische Summe von 4 Millionen Reichsmark gekostet haben.
Der Balkon des Schlosses, von dem aus Karl Liebknecht (→164) 1918 nach der Abdankung des letzten deutschen Kaisers die sozialistische Republik ausgerufen hatte, wurde nachgebildet in die Fassade des in den 60er Jahren erbauten Gebäudes des DDR-Staatsrats auf der Südseite des Platzes eingefügt. E 7

30 *Neuer Marstall*
1896–1902 ließ Wilhelm II. (→196) den unmittelbar in Schloßnähe (→29) gelegenen Kaiserlichen Pferdestall vom Architekten Ernst von Ihne erweitern und in strengem Barock neu gestalten. 270 Pferde,

300 Wagen und Schlitten und die Wohnungen der dazugehörigen Hofbediensteten hatten in dem Gemäuer an der Spree Platz. An dieser Stelle war 1700 das Hoftheater eröffnet worden.
Während der Novemberrevolution 1918/19 (→243, 244) hatte sich der Stab der Volksmarinedivision im Neuen Marstall einquartiert. Am 23./24. Dezember 1918 wurden die Matrosen im Marstall von Truppen der Ebert-Regierung angegriffen, konnten sich aber zunächst noch gegen die Übermacht verteidigen.
Die historische Reithalle des Hauses ist abgerissen worden; an ihrem Platz befindet sich heute die Stadtbibliothek (Breite Straße). E 7

31 *Berliner Dom*
Der am 27. Februar 1905 im Beisein Kaiser Wilhelms II. (→196) eingeweihte Dom als östlicher Abschluß des Lustgartens war als »Hauptkirche des preußischen Protestantismus in Berlin« gedacht. Diesem Anspruch hatte die an gleicher Stelle 1747–1750 errichtete Domkirche trotz Schinkels Umbauten (→185) nicht gerecht werden können. Der 1894 begonnene, Barock- und Neorenaissance-Elemente mischende (und dafür prompt scharf kritisierte) Neubau stammt von Julius Carl Raschdorff und kostete stolze 11,5 Millionen Reichsmark. Die von vier Kuppeltürmen umgebene Hauptkuppel mißt 38 Meter im Durchmesser.
In der zum Dom gehörenden Hohenzollerngruft waren 87 Mitglieder der Herrscherdynastie bestattet.
Ab 1974 wurden die Kriegsschäden am Dom mit finanzieller Hilfe der evangelischen Kirchen der Bundesrepublik beseitigt. E 7

32 *Museumsinsel*
Als Museumsinsel wird der Nordteil der eigentlichen Insel zwischen Kupfergraben und Spree bezeichnet. Dort befinden sich das Alte Museum (→32a), das Neue Museum (→32b), die Nationalgalerie (→32c), das Bode-Museum (→32d) und das Pergamonmuseum (→32e). E 7

32a *Altes Museum*
Dieser klassizistische Bau ist nicht nur (neben der ebenfalls 1830 eröffneten Glyptothek in München) das älteste öffentliche Museum Deutschlands – es gilt auch als die bedeutendste städtebauliche Leistung des berühmten Karl Friedrich Schinkel (→185); ältere Stadtführer schwärmen von »einer Reproduktion griechischer Baukunst im höchsten Sinne«.
Friedrich Wilhelm III. (→133) hatte die Einrichtung einer Kunstsammlung in Berlin 1810 angeordnet. Zur daraufhin ernannten Museumskommission gehörten neben Staatskanzler von Hardenberg und Wilhelm von Humboldt (→152) auch Schinkel selbst und sein Architektenkollege Christian Daniel Rauch.
Die 87 Meter breite und 19 Meter hohe Vorhalle auf der Lustgarten-Seite wird von 18 ionischen Säulen getragen. Die im Innern des zweigeschossigen, vierflügligen Gebäudes auffallende Rotunde folgt dem Vorbild des römischen Pantheons. Eigentlich hatte Schinkel dort die Granitschale aufstellen wollen, aber das von Gottfried Christian Cantian 1826–1829 aus einem 225 Tonnen schweren Findling (aus den Rauenschen Bergen) gearbeitete Stück erwies sich mit einem Durchmesser von sieben Metern als zu groß und mit einem Gewicht von sechs Tonnen als zu schwer – so steht sie denn draußen, vor der Freitreppe. Die beiden Bronzeskulpturen auf der Freitreppe stammen von August Kiss (»Amazone zu Pferde, einen Tiger abwehrend«, rechts) und von Albert Wolff (»Jüngling zu Pferde, den Speer auf einen Löwen schleudernd«, links).

Nachdem auch das Alte Museum im zweiten Weltkrieg (noch am 8. Mai 1945!) völlig ausgebrannt war, wurde das Gebäude 1958 bis 1966 wieder aufgebaut. Heute werden hier vor allem Werke der Malerei, Grafik und Plastik des 20. Jahrhunderts gezeigt. Das Kupferstichkabinett, die Sammlung der Handzeichnungen sowie die Gegenwartsabteilung der Nationalgalerie der DDR haben hier ihr Domizil. **E 7**

32b *Neues Museum*
Friedrich August Stüler hatte beim Bau des Neuen Museums (1843 bis 1857) direkt hinter der Schinkelschen Vorgabe ohnehin nur die Chance, seine Gestaltungskraft vor allem im Innern des Baus zu beweisen: Sein axial angelegtes, meisterhaftes Treppenhaus durch alle drei Etagen wurde denn auch allenthalben bewundert.
Im Erdgeschoß war einst das Ägyptische Museum untergebracht, darüber die umfängliche Sammlung der Gipsabgüsse von Antiken und im Obergeschoß das Kupferstichkabinett.
Im Februar 1945 wurde das Neue Museum durch Brandbomben schwer in Mitleidenschaft gezogen. Seit einigen Jahren nun wird an der Wiederherstellung des Hauses gearbeitet. **E 7**

32c *Nationalgalerie*
Nordöstlich der Spreeseite zugewandt, erbaute Stülers Nachfolger Johann Heinrich Strack 1866–1876 die Nationalgalerie. Die Anlage in der Mitte eines von dorischen Säulenhallen umgebenen Gartenplatzes soll nach einer Skizze Friedrich Wilhelms IV. (→133) noch von Stüler entworfen worden sein. Sie hat die Form eines korinthischen Tempels von 63 Metern Länge und 31 Metern Breite, der sich über einem 12 Meter hohen Unterbau erhebt. Das Reiterdenkmal Friedrich Wilhelms IV. vor dem Portal schuf Alexander Calandrelli (1886).
Den Grundstein zur Sammlung der Nationalgalerie legte das Erbe des 1861 verstorbenen Konsuls J. H. Wagener – 262 Bilder, die von Kunstkennern als nahezu einmaliger Überblick über die Entwicklung deutscher Malerei seit dem Ende des 18. Jahrhunderts gepriesen wurden. Ausgebaut zur damals führenden Sammlung deutscher Gegenwartskunst, wurden an der Schwelle unseres Jahrhunderts auch herausragende internationale Werke in die Sammlung aufgenommen. Wichtige Stücke wurden während der Barbarei des Faschismus in der Aktion »Entartete Kunst« (1937) vernichtet. Teile der Bestände, die wegen des Luftkriegs ausgelagert wurden, gehören heute zur Westberliner Neuen Nationalgalerie. **E 7**

32d *Bode-Museum*
An der Nordspitze, durch die S-Bahn vom anderen Teil der Insel getrennt, steht das Bode-Museum (einst Kaiser-Friedrich-Museum). Es wurde 1897–1904 nach Plänen von Ernst von Ihne in nachempfundenem italienischem Barock erbaut. Der damalige Generaldirektor der Königlich-Preußischen Kunstsammlungen, Wilhelm von Bode (nach dem das Museum seit 1956 heißt), richtete es als nachantikes Kunstmuseum ein.
Teile der früher hier gezeigten Sammlungen von Gemälden und des Ägyptischen Museums wurden im zweiten Weltkrieg ausgelagert und befinden sich heute im Westteil der Stadt in den Museen Dahlem und Schloß Charlottenburg (→58).
Nach wie vor ist in diesem Hause aber das komplette Münzkabinett zu besichtigen wie auch der Bronzeabguß des von Andreas Schlüter gefertigten Reiterdenkmals des Kurfürsten Friedrich Wilhelm (→132) im Treppenhaus des Bode-Museums. **F 7**

32e *Pergamonmuseum*
Das 1909–1930 von Alfred Messel und (nach Messels Tode) von Ludwig Hoffmann am Kupfergraben (Westseite der Museumsinsel) erbaute Pergamonmuseum gilt als das erste Architekturmuseum der Welt.
Der dreiflüglige Bau versucht mit neoklassizistischen Elementen zwischen den Stilen der anderen Gebäude zu vermitteln. Er birgt im Mittelteil vor allem den zu den Weltwundern zählenden Original-Altar von Pergamon aus dem Jahre 180 v. u. Z., das berühmte Markttor von Milet und weitere einmalige Beispiele hellenistischer Baukunst.
Neben der Antike-Sammlung ist im Erdgeschoß das Vorderasiatische Museum untergebracht (unter anderem das Ischtar-Tor aus der Zeit Nebukadnezars II.). In der ersten Etage befindet sich das Islamische Museum. Die ebenfalls hier beheimateten Sammlungen des Ostasiatischen Museums und des Museums für Volkskunde erlitten im zweiten Weltkrieg erhebliche Verluste. E 7

33 *Marx-Engels-Brücke (Schloßbrücke)*
Vom Museum für Deutsche Geschichte, dem ehemaligen Königlichen Zeughaus (→5e), führt die Marx-Engels-Brücke (Schloßbrücke) über die Spree zum Lustgarten und zum Marx-Engels-Platz, auf dem einst das Schloß (→29) stand.
Seit dem Ende des 16. Jahrhunderts gibt es hier eine der ältesten Verbindungen von der in Berlin aufgegangenen Schwesterstadt Cölln über den Kupfergraben zu den westlichen Vorstädten. Der Volksmund nannte diese hier »Hundebrücke« – hier sammelten sich vor dem königlichen Ausritt die Jäger mit der Meute der Jagdhunde.
Sandstein-Pfeiler und Bogen der heutigen Brücke wurden nach Entwürfen Karl Friedrich Schinkels (→185) 1822–1824 ausgeführt. Um 1850 bekam die vorher schmucklose Brücke die beiderseits aufgestellten acht Figurengruppen aus Carrara-Marmor. Sie sollen ebenfalls auf Schinkelsche Entwürfe aus dem Jahre 1819 zurückgehen. Offensichtlich unter dem Eindruck der Befreiungskriege 1813 bis 1815 wurden Elemente der griechischen Mythologie verwendet, um »Das Leben des Kriegers« darzustellen. Im einzelnen sollen das sein:
- auf der Südseite (Richtung Ministerium für Auswärtige Angelegenheiten/Staatsratsgebäude) – Nike lehrt den Knaben die Heldengeschichte; Pallas unterrichtet den Jüngling in den Waffen; Pallas waffnet den Krieger zum ersten Kampf; Nike krönt den Sieger.
- auf der Nordseite (Richtung Museumsinsel/Lustgarten) – Nike richtet den verwundeten Krieger auf; Pallas schirmt den fechtenden Jüngling; Pallas fordert ihn zu neuem Kampfe auf; Iris führt den siegreich Gefallenen zum Olymp.

Nachdem im Zuge der Kriegswirren und -folgen die kostbaren Skulpturen in das heutige Westberlin ausgelagert worden waren, dauerte es bis weit in die 80er Jahre, ehe sie im Zuge eines Austauschs von Kulturgütern wieder an ihren Originalstandort zurückkehrten. E 7

34 *Neue Synagoge*
Die Ruine in der Oranienburger Straße 30 (die von der nördlichen Friedrichstraße zum S-Bahnhof Marx-Engels-Platz führt) war einst die größte Synagoge Deutschlands.
Die Jüdische Gemeinde hatte den Architekten und Schinkel-Schüler Eduard Knoblauch (zu Ende geführt von Stüler) mit dem Bau beauftragt, der auf bemerkenswert moderne Weise Elemente des orientalisch-maurischen Stils handhabte.

Die auf Repräsentation bedachte Synagoge spiegelte die erst Mitte des 19. Jahrhunderts erreichte staatsbürgerliche Gleichberechtigung der deutschen Juden, ihr gewachsenes Selbstbewußtsein wider: König Wilhelm I. (→ 195) und sein Kanzler Bismarck (→ 108) waren persönlich zur Einweihung der Synagoge am 5. September 1866 erschienen.
Die vergoldete Mittelkuppel (48 Meter hoch) war weithin zu sehen. Durch einen Vorsaal gelangte man in die für tägliche Gottesdienste genutzte Kleine Synagoge, danach erst in die große Hauptsynagoge mit 3000 Sitzplätzen. Nach altem Brauch nahmen die Männer unten im Saal, die Frauen auf den Emporen Platz.
Das jüdische Gotteshaus spielte bis Mitte der 30er Jahre unseres Jahrhunderts eine herausragende Rolle im geistigen Leben Berlins; noch im Januar 1933 eröffnete die Jüdische Gemeinde in einem Nebengebäude ein Museum. Einen Tag vor Hitlers Machtübernahme gab der Nobelpreisträger Albert Einstein in der Synagoge ein Geigenkonzert.
In der von den Faschisten gegen die Juden inszenierten »Reichskristallnacht« vom 9. zum 10. November 1938 plünderten SA-Männer den kostbar ausgestatteten Innenraum der Synagoge und versuchten, das Gotteshaus in Brand zu setzen. Ein Polizeitrupp konnte das Schlimmste zunächst verhindern. Danach benutzte die SS die Synagoge als Lager, bis das Gebäude am 23. Februar 1943 von einer Bombe getroffen wurde und völlig ausbrannte.
Große Teile der Ruine mußten nach dem Krieg völlig abgetragen werden; eine Tafel an der Vorderfront erinnert an die Geschichte dieses Gotteshauses.
Im Sommer 1988 wurde der Grundstein für den Wiederaufbau der Synagoge gelegt. Die eigens dafür gegründete Stiftung Judaicum sammelte und sammelt Spenden von Privatpersonen aus vielen Ländern. Die Regierung der DDR stellte damals 100 Millionen Mark zur Verfügung.
Die Bauarbeiten werden voraussichtlich bis Mitte der 90er Jahre andauern. **F 7**

35 *Sophienkirche*

Vor allem für ihren bemerkenswerten, reichgeschmückten Turm wird die Sophienkirche in der Großen Hamburger Straße (Nähe Hackescher Markt) gerühmt. Der barocke Bau ist der einzige dieser Art, der die Luftangriffe auf Berlin fast unbeschadet überstand. Erbaut wurde die Kirche 1712; der Turm stammt von J. F. Grael aus den Jahren 1732–1734 und soll von Schlüters Vorgaben angeregt sein.
Auf dem angrenzenden Friedhof der Sophiengemeinde ist neben anderen bedeutenden Persönlichkeiten der mit Goethe befreundete Leiter der Berliner Singakademie Carl Friedrich Zelter begraben. **F 7**

36 *Alter Jüdischer Friedhof*

An der Großen Hamburger Straße, unterhalb der Sophienkirche (→35), findet sich hinter einer Grünanlage an einer Hofmauer eine Gedenktafel, die an den 1672 hier angelegten und 1827 aus Platzmangel geschlossenen ältesten jüdischen Friedhof Berlins erinnert. (1671 hatte der Große Kurfürst aus Wien vertriebenen jüdischen Familien gestattet, sich in der Mark Brandenburg anzusiedeln.)
Zu den auf diesem Friedhof beigesetzten etwa 12000 Berliner Juden gehört auch der Philosoph der Aufklärung Moses Mendelssohn (→173). Seine Grabtafel mit dem Todesjahr 1786 ist in die Friedhofsmauer eingelassen.
Vor dem Friedhof, zur Straße hin, befand sich das 1824 eröffnete Alters-

heim der Jüdischen Gemeinde. Die Gestapo richtete in diesem Haus 1942 ein Sammellager für Transporte zur Vernichtung vorgesehener Juden ein; den Friedhof demolierten die Faschisten, das Haus wurde von Bomben zerstört. **F 7**

37 *Garnisonsfriedhof*
Der 1722 außerhalb der Stadt angelegte Garnisonsfriedhof befindet sich heute an der Kleinen Rosenthaler Straße im Stadtbezirk Mitte, direkt an der lange für seine »leichten« Mädchen berühmten und verdammten Mulackstraße.
Auf dem durch seinen gußeisernen Grabschmuck auffallenden Friedhof ist neben unbekannten Militärs der preußischen Kriegsministerien und Heeresverwaltungen aber auch der seit den Befreiungskriegen (1812–1813) unvergessene Adolph von Lützow begraben.
Nach der Schließung des Friedhofs (Anfang der 20er Jahre unseres Jahrhunderts) wurde nur noch ein Grab angelegt: Im Frühjahr 1945 wurden nicht namentlich bekannte Opfer der letzten Kämpfe in den Straßen Berlins hier verscharrt. **F 7**

38 *Die alten Varietés*
Berlin war bekannt für sein aufregendes Nachtleben, und zwar nicht nur durch zwielichtige Bars und Klubs, sondern beispielsweise durch seine renommierten Varietés.

38a *Wintergarten*
Das 1888 eröffnete und 1943 durch Bomben zerstörte Varieté »Wintergarten« befand sich auf der heute baumbestandenen Grünfläche zwischen dem S-Bahnhof Friedrichstraße und der Clara-Zetkin-Straße (früher Dorotheen-Straße). 1895 führte in diesem Haus der Pankower Fotograf Max Skladanowski die ersten beweglichen Bilder, den ersten Kinofilm der Welt, vor (→231).
Weltberühmte Artisten wie der Jongleur Rastelli und der Musikalclown Grock feierten auf der Bühne des »Wintergarten« Triumphe. **E 7**

38b *»Skala«,*
Seit Anfang der 30er Jahre versuchte die elegante »Skala« im Westen der Stadt (Martin-Luther-Straße), dem populären »Wintergarten« Konkurrenz zu machen. **D 5**

38c *»Plaza«*
Das gleiche wollte das Varieté »Plaza« in der Halle des ehemaligen Ostbahnhofs, Küstriner Platz. Beide Varietés gingen im Bombenhagel des zweiten Weltkrieges unter. Auf dem Gelände des einstigen »Plaza« steht heute das Druckzentrum Berlin (Franz-Mehring-Platz). **E 9**

38d *Friedrichstadtpalast*
Das frühere Varietéhaus am Bertolt-Brecht-Platz war Großmarkthalle (1867 am Schiffbauerdamm von Friedrich Hitzig gebaut), ab 1873 Zirkus (unter den bekannten Direktoren Salomonsky, Renz und Schumann) und wurde nach dem Umbau durch Hans Poelzig (1919) unter der Direktion des legendären Max Reinhardt (→181) nochmals berühmt als Großes Schauspielhaus.
Erst nach 1945 ging unter Leitung der Artistin Marion Spadoni der Stern des Varietés Friedrichstadtpalast auf (zunächst als »Haus der 3000«, ab November 1947 dann – nach Übernahme durch den Magistrat – als Friedrichstadtpalast). Vor allem das Ballett des Hauses erarbeitete sich internationalen Ruf.

1980 mußte das Haus wegen Baufälligkeit geschlossen und abgetragen werden. Das Ensemble bezog den Neubau in der Friedrichstraße (→ 13a). Der Friedrichstadtpalast ist das einzige heute noch existierende Groß-varieté Deutschlands. **F 7**

39 *Charité*

Im Dreieck zwischen Invalidenstraße, Hermann-Matern- (früher Luisen-) Straße und S-Bahn (Friedrichstraße – Lehrter Bahnhof) befindet sich einer der berühmtesten deutschen Klinik- und Krankenhauskomplexe: die Charité. Der alte Haupteingang ist in der Schumannstraße.
Wegen der Pest im Jahre 1710 hatte Friedrich I. (→ 130) an dieser Stelle, damals noch vor den Toren der Stadt, ein Pesthaus errichten lassen. Später diente es als Garnisonslazarett, bis es 1727 unter dem französischen Namen Charité (= Mildtätigkeit, Barmherzigkeit, Nächstenliebe) Armenspital wurde. Hier wurden alle medizinisch, so gut es ging, versorgt, die ein polizeiliches Zeugnis ihrer Armut hatten: wandernde Handwerksburschen, Sträflinge, Waisenkinder.
1785–1800 zum damals größten Krankenhaus der Stadt erweitert, wurde 1811, mit der Gründung der Friedrich-Wilhelms-Universität, aus der Charité das Universitätsklinikum. 1830 gab es schon Platz für 1000 Patienten.
1831–1835 entstanden die Häuser der damals »Neuen Charité«, aber die von der Schumannstraße aus zu sehenden Komplexe stammen im wesentlichen aus der Zeit nach 1897, als der systematische Neubau des ganzen Klinikviertels in Angriff genommen wurde. Nach den Plänen von Kurt Diestel war es pavillonartig angelegt; mit speziellen Einrichtungen für die Chirurgie, Innere Medizin und Kinderkrankheiten, mit einer Nervenklinik, einem pathologischen Institut usw.
Die Jahre zwischen 1870 und 1933 gelten als die wissenschaftliche Blütezeit der Berliner Charité, deren Gelehrte Weltruf hatten: Robert Koch (→ 157) und Rudolf Virchow (→ 191), später so berühmte Ärzte wie die Professoren Theodor Brugsch (→ 115) und Ferdinand Sauerbruch (→ 184).
Mit der Errichtung der faschistischen Herrschaft verbunden war die Entlassung und Vertreibung herausragender Spezialisten jüdischer Herkunft – auch in der Charité mußten 138 Wissenschaftler ihre Arbeit verlassen. Ab 1937 leitete Max de Crisis, einer der Begründer der Euthanasie, die Nervenklinik der Charité.
In den Bombennächten zum Kriegsende noch zur Hälfte zerstört, nahm man nach 1945 mit 1200 Betten den Krankenhausbetrieb wieder auf. Heute werden hier jährlich mehr als 30000 Patienten stationär behandelt. Der 86 Meter hohe Neubau der Chirurgischen Klinik wurde 1981/82 vollendet. **F 6**

40 *Schloß Bellevue*

Am Ufer der Spree, zwischen Tiergarten und Hansaviertel, finden sich Park und Schloß Bellevue – in wenigen Minuten auch bequem vom gleichnamigen S-Bahnhof zu erreichen.
1710 waren hier Maulbeerpflanzungen für die Zucht von Seidenraupen angelegt worden. 1785 ließ sich Prinz August Ferdinand von Preußen, der jüngste Bruder Friedrichs des Großen (→ 131), von Baumeister Boumann das Sommerschloß errichten. Bellevue galt zu jener Zeit als ein Zentrum des gesellschaftlichen Lebens Berlins; Friedrich Schiller soll hier Gast des Prinzen gewesen sein.

1844 hatte König Friedrich Wilhelm IV. (→133) im Schloß eine Gemäldegalerie eingerichtet. Während der Naziherrschaft wurde in dem Gebäude das Museum für Deutsche Volkskunde untergebracht, danach diente es als Gästehaus, in dem unter anderen Stalins Außenminister Molotow als Gast weilte.
In den 50er Jahren wurden mit erheblichem Aufwand die schweren Kriegsschäden am Schloßgebäude behoben; der Außenbau und der Große Festsaal wurden originalgetreu wiederhergestellt.
Seit 1959 ist Schloß Bellevue offizieller Berliner Amtssitz des Bundespräsidenten der Bundesrepublik Deutschland. **E 6**

41 *Siegessäule*
Die Siegessäule am Großen Stern im Tiergarten (→42) gehört zur zu Stein gewordenen Geschichte Berlins wie das Brandenburger Tor (→1); beide übrigens in Sichtweite durch die Straße des 17. Juni miteinander verbunden.
Gedacht war die Säule eigentlich als Denkmal des siegreichen Krieges gegen Dänemark (1864), aber als der einst 61,5 Meter hohe Bau nach den Entwürfen des Architekten Johann Heinrich Strack 1873 nach vierjähriger Bauzeit vollendet war, gab es neue, glänzendere Siege, von denen man der Nachwelt künden wollte: im preußisch-österreichischen Krieg 1866 und vor allem im deutsch-französischen Krieg 1870/71.
Die Säule mit der goldenen Viktoria stand ursprünglich auf dem Königsplatz (heute Platz der Republik), damals noch vor der Krolloper und dem alten Palais Raczynski, das dem Bau des Reichstagsgebäudes (1884–1889; →6) weichen mußte. Im Zuge der Hitlerschen Pläne zur Neugestaltung des Zentrums der Reichshauptstadt bekam die Siegessäule 1939 ihren heutigen Standort, wobei sie durch den neuen Sockel auf 68 Meter erhöht wurde. (Zur Aussichtsplattform hochzusteigen lohnt. Man hat von dort einen einmaligen Ausblick auf die alte und neue City.)
Am Unterbau aus dunkelrotem schwedischem Granit waren bis 1945 vier Bronzereliefs von je 12 Quadratmetern zu sehen:
- Auszug und Erstürmung der Düppeler Schanzen 1864 (von Alexander Calandrelli);
- Schlacht bei Königgrätz 1866 (von Moritz Schulz);
- Schlacht bei Sedan 1870 und Einzug in Paris 1871 (von Keil);
- umjubelter Einzug der Truppen in Berlin im Juni 1871 (von Albert Wolff).

Alle vier Reliefs wurden nach dem zweiten Weltkrieg als französische Kriegsbeute entfernt, aber inzwischen zurückgegeben.
Das Glasmosaikfries im überdachten Rundbau am Fuß der Säule wurde von Anton von Werner entworfen und in Venedig ausgeführt. Trotz unverkennbarer Verherrlichung des deutschen Sieges und des sich darauf gründenden Kaisertums sind weder Wilhelm I. (→ 195) noch Napoleon III. auf dem Fries dargestellt. **E 6**

42 *Tiergarten*
Das 225 Hektar umfassende Parkgebiet westlich des Brandenburger Tores (→1) bis hinüber nach Charlottenburg war einst Privatbesitz der königlichen Familie. Als Wildpark des Kurfürsten reichte es im 16. Jahrhundert sogar bis zum heutigen Platz der Akademie (→12).
Zum neu erbauten Schloß Charlottenburg (→58) wurde Anfang des 18. Jahrhunderts quer durch den Tiergarten die Charlottenburger Chaussee angelegt (heute Straße des 17. Juni); Ende der 30er Jahre war sie als Prunkallee der deutschen Faschisten von 27 auf 54 Meter verbreitert wor-

den. Georg Wenzeslaus von Knobelsdorff (→156) hatte mit kleineren Bauten im Versailler Stil nach 1742 aus dem Park einen Barockgarten machen wollen; Peter Joseph Lenné wiederum gestaltete ihn 1833–1839 als Landschaftsgarten im englischen Stil.
Den Mittelpunkt des Tiergartens bildet der Große Stern mit der Siegessäule (→41). Im Norden schließt sich das Hansaviertel an, im Nordosten der Schloßpark Bellevue (→40) bis hin zur Spree.
Originelle und wohl einmalige Zugabe: das Gaslaternen-Museum in der Nähe des S-Bahnhofs Tiergarten, mit 76 originalen Stadtleuchten aus dem Europa der Jahrhundertwende. **E 6**

43 *Kammergericht (Berlin-Museum)*
Der von Philipp Gerlach 1734/35 errichtete Barockbau in der heutigen Lindenstraße 14 (Kreuzberg) war das erste Behördengebäude Berlins – sozusagen eine Wiege der in aller Welt für ihre Pedanterie bekannten preußischen Bürokratie. Es ist auch das einzige erhaltene Original-Palais aus der Regierungszeit Friedrich Wilhelms I. (→133).
Bis 1913 war hier das Kammergericht untergebracht, der Oberste Gerichtshof Brandenburg-Preußens seit 1516. 1819 wurde vom Kammergericht gegen Friedrich Ludwig Jahn (→153) verhandelt wegen des Verdachts hochverräterischer Verbindungen. Auch Ferdinand Lassalle (→161) war wegen seiner Forderungen nach allgemeinen, gleichen und direkten Wahlen hier des Hochverrats angeklagt; er wurde allerdings im März 1864 freigesprochen.
1963–1969 wurde das im zweiten Weltkrieg beschädigte Gebäude restauriert. Seitdem befindet sich hier das Berlin-Museum – Gegenstück zum Märkischen Museum an der Jannowitzbrücke (→86). **D 7**

44 *Kreuzberg*
Die mit 66 Metern höchste Erhebung der Tempelhofer Berge (das Gegenstück zum Ostberliner Prenzlauer Berg) heißt erst seit 1821 Kreuzberg. In jenem Jahre wurde auf dem früheren Runden Berg ein von Karl Friedrich Schinkel (→185) entworfenes gußeisernes Nationaldenkmal eingeweiht. Das den Befreiungskriegen 1813 bis 1815 gewidmete Mahnmal sieht nicht nur aus wie eine Kirchturmspitze – es war für einen nicht ausgeführten gotischen Dom am Potsdamer Tor gedacht.
Seit 1829 wurde die am Fuße des Kreuzbergs gelegene Lokalität »Tivoli« (mit eigener Brauerei) zu einer der großen Sonntagsattraktionen der Berliner. August Bebel (→106), Reichstagsabgeordneter der von ihm mitbegründeten SPD, hielt im Saal des »Tivoli« am 28. November 1875 seine erste Rede in Berlin.
1920 gab der Kreuzberg dem bei der Verwaltungsreform gebildeten 6. Stadtbezirk seinen Namen. **D 7**

45 *Hasenheide*
Die Hasenheide in Neukölln war 1678 tatsächlich Hasengehege des Kurfürsten Friedrich Wilhelm (→132). Bekannt wurde dieser Ort vor allem durch den Berliner Lehrer und Begründer der deutschen Sportbewegung Friedrich Ludwig Jahn (→153). Ein von Erdmann Encke geschaffenes Denkmal erinnert daran, daß Jahn und seine Schüler 1811 hier einen Turnplatz anlegten (ab 1812 in der Nähe der jetzigen Wissmannstraße). Anfangs seiner den Waffendienst vorbereitenden Übungen wegen gefördert, wurde die Turnbewegung später verboten – sie war dem König zu »patriotisch-demokratisch«. Jahn wurde verhaftet und in Spandau eingesperrt (→60a).

1865 wurde die »Neue Welt« als Vergnügungs- und Ausflugslokal eröffnet; die Hasenheide verstand sich als »demokratisches Pendant« zum aristokratischen Tiergarten (→42). Der große Saal der »Neuen Welt« wurde bis zur Jahrhundertwende der bekannteste Versammlungs- und Kundgebungsort der Berliner Linken; am 5. Oktober 1978 wurde hier die »Alternative Liste – für Demokratie und Umweltschutz« gegründet, die nach den Wahlen im Januar 1989 gemeinsam mit der SPD den Senat bildete. C 8

46 *Rathaus Schöneberg*

Als Gemeinde ist Schöneberg fast so alt wie Berlin (→203); erste urkundliche Erwähnungen stammen aus dem 13. Jahrhundert. Das Stadtrecht gab es aber erst 1898, was Anlaß war für die Errichtung des gewaltigen Rathauskomplexes 1911–1920 nach Plänen der Architekten P. Jürgensen und J. Bachmann.

In den Blickpunkt nicht nur der Berliner Öffentlichkeit rückte der Bau am heutigen John-F.-Kennedy-Platz, als er 1948 nach der Spaltung Berlins Amtssitz des Regierenden Bürgermeisters und des Westberliner Abgeordnetenhauses wurde. In diesem Haus wirkten unter anderen Ernst Reuter (→182), der spätere Bundeskanzler Willy Brandt (→111) und der spätere Bundespräsident Richard v. Weizsäcker als Regierende Bürgermeister des Westteils der Stadt.

Am 24. Oktober 1950 wurde vom amerikanischen Stadtkommandanten Lucius D. Clay (→116) die Freiheitsglocke als Geschenk des Volkes der USA an die Berliner übergeben. Es ist eine Nachbildung der berühmten Liberty Bell in Philadelphia an der US-Ostküste und trägt die prophetische Inschrift: »Möge diese Welt mit Gottes Hilfe eine Wiedergeburt der Freiheit erleben.« Die Glocke ist im 70 Meter hohen Turm des Rathauses installiert.

Am Eingang des Rathauses erinnert eine Gedenktafel an John F. Kennedy. Der US-Präsident hatte am 26. Juni 1963 an dieser Stelle vor mehr als 500000 Menschen eine seiner bekanntesten Reden gehalten (→289). C 5

47 *Kriminalgericht und Gefängnis Moabit*

Der Name Moabit – in Berlin längst ein Synonym für Strafprozesse und Haft – geht auf eine 1710 von französischen Gärtnern nördlich des Tiergartens (→42) angelegte Siedlung zurück. In der Straße Alt-Moabit/Ecke Rathenower Straße wurde 1877 bis 1882 das Kriminalgericht nebst sternförmig angehängtem Untersuchungsgefängnis gebaut; 1902–1906 zur Turmstraße hin im damals üblichen zugleich prunkvollen und einschüchternden Neobarock erweitert.

In den Gerichtssälen dieses Baus kamen seit der Jahrhundertwende alle bedeutenden Fälle der Berliner Kriminalgeschichte vor die Richter: 1906 der Schumacher Wilhelm Voigt, der auf kuriose Weise die Köpenicker Stadtkasse ergaunert hatte (→235); 1907 der wegen angeblicher Homosexualität angezeigte Schriftsteller Maximilian Harden; 1940 die Bankräuber F. und E. Saß, die dann im faschistischen KZ Sachsenhausen erschossen wurden.

Unter den Gefangenen dieses 1959 und 1976 nochmals rekonstruierten und modernisierten Justizbaus waren auch wegen ihrer Gesinnung verfolgte namhafte deutsche Linke wie Rosa Luxemburg (→168) und Karl Liebknecht (→164), in den 20er Jahren der Anarchist Max Hoelz und, von den Nazis eingesperrt, der Kommunisten-Führer Ernst Thälmann (→188) sowie 1944/45 noch, als 75jähriger, der SPD-Politiker Gustav Noske.

Vom 11. April 1978 bis zum Oktober 1980 fand in diesem Haus der Prozeß gegen sechs Mitglieder der radikalen »Bewegung 2. Juni« statt, die 1974 den Westberliner Kammergerichtspräsidenten Drenkmann ermordet hatten.

Prominentester Moabit-Häftling der jüngeren Zeit war Erich Honeckers (→ 149) Devisen-Schatzmeister Alexander Schalck-Golodkowski, der sich nach aufsehenerregender Flucht aus der DDR im Dezember 1989 den Westberliner Behörden gestellt hatte. Nach wenigen Wochen wurde er auf freien Fuß gesetzt. **F 6**

48 *Gedenkstätte 20. Juli*

In dem architektonisch unbedeutenden Gebäudekomplex Bendlerstraße (heute Stauffenbergstraße)/Ecke Tirpitzufer (später nach einem aufständischen Matrosen Reichpietsch-Ufer genannt) hatten nach 1914 erst das Reichsmarineamt, dann das Reichswehrministerium und ab 1935 das Oberkommando der Wehrmacht ihr Quartier.

In diesem Haus formierte sich ab 1938 der Widerstand patriotischer Offiziere gegen Hitler (→ 147). Von den Verschwörern (die Verbindungen zu Wirtschafts- und politischen Führungskreisen hatten) wurde ein Attentat auf Hitler vorbereitet, das Signalwirkung haben sollte. Der in der Bendlerstraße tätige Stabschef des Ersatzheeres Claus Graf Schenk von Stauffenberg brachte am 20. Juli 1944 zwar die Bombe zur Explosion, aber Hitler überlebte (→ 266). Noch in derselben Nacht wurden im Hof der Bendlerstraße Stauffenberg und weitere Offiziere erschossen. Ihnen wurde eine in einem Teil des Gebäudes 1967 eingerichtete Gedenkstätte gewidmet. **E 6**

49 *Sportpalast*

Der 1910 in der Potsdamer Straße (Nr. 72/Ecke Pallasstraße) errichtete Bau war von Anfang an mit Superlativen behaftet: erst »größter Eispalast der Welt«, ab 1919 »größtes Kinotheater der Welt«. Platz war jedenfalls für bis zu 12 000 Besucher. Im März 1911 fand hier das erste Berliner Sechstagerennen der Radsportler statt; in den zwanziger Jahren drehte hier Sonja Henie ihre Pirouetten auf dem Eis; Max Schmeling lehrte hier seine Gegner im Boxring das Fürchten.

Die Popularität des Sportpalastes wurde von Politikern natürlich zu nutzen gesucht: Im Januar 1925 sprach hier der KPD-Vorsitzende Ernst Thälmann (→ 188), im November 1928 der NSDAP-Führer Adolf Hitler (→ 147). Im Sportpalast steigerte sich der faschistische Propagandaminister Joseph Goebbels (→ 135) am 18. Februar 1943 zu der mit frenetischer Zustimmung beantworteten Frage: »Wollt Ihr den totalen Krieg?«

Nach dem Krieg wieder aufgebaut, konnte der Sportpalast seinen alten Ruhm nicht wieder erneuern und wurde 1974 abgerissen. **D 6**

50 *Haus des Alliierten Kontrollrats*

Am 18. September 1913 wurde an der Westseite des Schöneberger Kleist-Parks der in wilhelminischem Barock gestaltete wuchtige 500-Zimmer-Bau des Neuen Kammergerichts (→ 43) eingeweiht. Im August 1944 verurteilte man hier eine Gruppe von Generalen und Offizieren des 20. Juli (→ 266) zum Tode; von dieser Verhandlung unter Vorsitz des berüchtigten Roland Freisler (→ 129) existieren Filmdokumente.

Der 1945 auf Beschluß der vier Siegermächte gebildete Alliierte Kontrollrat (→ 271) nahm in diesem Haus Quartier. Er sollte vereinbarungsgemäß »alle Deutschland als Ganzes betreffenden Fragen« regeln. Doch im März 1948 führten die sich aufbauenden Fronten des kalten Krieges dazu, daß

der sowjetische Vertreter, Marschall Sokolowski, unter Protest die Sitzung des Kontrollrats verließ. Sie wurde unterbrochen – und bis heute nicht wieder aufgenommen. Der Alliierte Kontrollrat wurde auch nie offiziell aufgelöst. Einziges tatsächlich arbeitendes Gremium des Kontrollrats ist die Alliierte Luftsicherheitszentrale, die die Hoheit über die Luftkorridore nach Berlin ausübt. Sie hat ihren Sitz in diesem Haus.
Noch einmal zu politischen Ehren und öffentlicher Aufmerksamkeit kam das Kontrollratsgebäude, als die Außenminister der einstigen Alliierten am 3. Juni 1972 hier das Schlußprotokoll des Viermächteabkommens über Westberlin unterzeichneten. Es ermöglichte in der Folgezeit politische Entkrampfung und menschliche Erleichterungen. **D 6**

51 *AEG-Fabrik Wedding*
Zu den wenigen aus mehreren Gründen bemerkenswerten Industriebauten der Berliner Gründerzeit gehörte die AEG-Fabrik im Wedding. Das 1883 von Emil Rathenau (→ 180) als »Deutsche Edison-Gesellschaft« gegründete Berliner Elektro-Unternehmen hatte zwischen Ackerstraße und Brunnenstraße zunächst von Franz Schwechten, dann (1909–1931) von Peter Behrens Fabrikhallen einer bisher ungewohnten Industriearchitektur errichten lassen, die technologische Anforderungen moderner Großindustrie mit einer neuen, sachlichen, aber wirksamen Ästhetik verband.
1913 arbeiteten in der Fabrik Brunnenstraße 14000 Menschen; die AEG-Arbeiter hatten sich in der Novemberrevolution 1918/19 (→ 243) an den Kämpfen und Auseinandersetzungen beteiligt. Unter der faschistischen Herrschaft waren Widerstandsgruppen in der Fabrik aktiv.
1982 wurde die Produktion eingestellt; die meisten AEG-Gebäude wurden 1984 für den Neubau der Firma Nixdorf abgerissen. Neben den inzwischen unter Denkmalschutz stehenden Hallen von Behrens ist auch ein altes Fabriktor der AEG noch zu sehen. **G 7**

52 *Galgenplatz*
Unmittelbar an der Mauer, zwischen Ackerstraße und Gartenstraße, befindet sich heute der Gartenplatz mit der 1893 erbauten Kirche St. Sebastian. Dort stand von 1703 bis 1838 der Galgen der Stadt.
Hinrichtungen waren damals öffentliche Schauspiele, ein Höhepunkt im tristen Alltag: 50000 Berliner sollen 1790 zur Vollstreckung des Urteils an dem Raubmörder Lenz gekommen sein. Auch Lenz war (wegen Überfalls auf einen Geldtransport und Ermordung der Kutscher) zum damals üblichen »Tod durch das Rad« verurteilt worden, bei dem der Henker seinem angeketteten Opfer mit einem eisenbereiften Rad erst Arme und Beine brach, ehe er den Unglücklichen endgültig tötete. **F 7**

53 *Gedächtniskirche*
Die Ruine des Turms der im zweiten Weltkrieg zerstörten Gedächtniskirche mit den Anfang der 60er Jahre von E. Eiermann hinzugefügten sechsbeziehungsweise achteckigen eigenwilligen Neubauten gehört heute zum Bild der City Westberlins.
Die Kaiser-Wilhelm-Gedächtniskirche war 1891–1895 auf dem damaligen Auguste-Viktoria-Platz (heute Breitscheid-Platz; → 114) von dem Sieger des Architektenwettbewerbs, Franz Schwechten, erbaut worden. Er hatte die von einem 113 Meter hohen Hauptturm auf der Westseite überragte Kirche im Stil der Spätromantik, in der Grundform einem lateinischen Kreuz folgend, angelegt. Am 2. September 1895 – dem Jahrestag des Sieges von Sedan im Deutsch-Französischen Krieg 1870/71 – wurde die Kaiser Wilhelm I. (→ 195) und die Hohenzollern verherrlichende Kirche eingeweiht.

Wegen ihrer früheren kaiserlich-nationalistischen Diktion vor allem wurde in den 50er Jahren die Frage Abriß der Ruine oder Wiederaufbau sehr kontrovers diskutiert. Geweiht wurde die neue Kirche am 17. Dezember 1961 durch den Berliner Bischof Otto Dibelius. Die Melodie des Glockenspiels im neuen Turm komponierte übrigens der Urenkel Kaiser Wilhelms I., Prinz Louis Ferdinand. E 5

54 *Europacenter*

Das Europacenter zwischen Breitscheid-Platz und Nürnberger Straße – direkt neben der Gedächtniskirche (→ 53) – galt bei seiner Eröffnung am 2. April 1965 als größter Berliner Privatbau der Nachkriegszeit. Der damals oft gebrauchte Vergleich mit dem Rockefeller-Center in New York ist maßlos übertrieben; dennoch ist der 70 Millionen Mark teure Bau (entworfen von Prof. Hentrich und M. Petschnigg) mit 22 Etagen und dem Mercedes-Stern auf dem Dach in 123,5 Meter Höhe nicht nur durch seine City-Lage bemerkenswert.
An genau dieser Stelle stand noch in den 70er Jahren des vorigen Jahrhunderts eine Gärtnerei, die Literaturgeschichte machte: Hier soll die Frau Nimptsch mit ihrer Pflegetochter Lene gewohnt haben, deren Verhältnis mit dem jungen Baron Botho in Theodor Fontanes (→ 128) Roman »Irrungen und Wirrungen« nachzulesen ist.
Damit nicht genug: Mit dem Bau der Gedächtniskirche hatte der Architekt Franz Schwechten auch das Umfeld bedacht und an der Ostseite des Platzes ein Romanisches Haus errichtet, dem 1901 ein Haus II folgte: In diesem Haus befand sich in den aufregenden 20er und 30er Jahren einer der berühmtesten Boheme-Treffs des Berliner Westens: das Romanische Café. Leider wurde auch dieses Stück Berliner Kulturgeschichte in der Nacht vom 23. zum 24. November 1943 durch Bomben zerstört.
Im jetzigen Europacenter laden zwar mehr als 20 Restaurants, Cafés und Bars ein, aber kein Gedanke mehr an das Flair des in Reportagen und Büchern beschriebenen Künstler-Cafés von damals. E 5

55 *Funkturm*

Der auf Porzellanfüßen stehende 148 Meter hohe Stahlgitterbau wurde 1924–1926 nach Plänen von Prof. H. Straumer auf dem Ausstellungsgelände am Theodor-Heuss-Platz (dem früheren Reichskanzlerplatz, später auch Adolf-Hitler-Platz) als Antennenträger und Aussichtsturm errichtet. Die Aussichtsplattform ist in 126 Metern Höhe montiert; das Restaurant liegt fast halb so hoch (56 Meter).
Anläßlich der ersten Deutschen Funkausstellung (1926) wurde der Turm als Wahrzeichen des westlichen Berlin eröffnet; die internationalen Branchenausstellungen finden heute alle zwei Jahre statt und sind inzwischen zur weltgrößten Messe der Unterhaltungselektronik und Kommunikationstechnik aufgestiegen.
Der Funkturm selbst dient längst nicht mehr dem benachbarten Rundfunk (→ 72), wird aber für den Taxi- und Polizeifunk der Stadt genutzt. E 3

56 *Jüdisches Gemeindehaus Charlottenburg*

Im September 1959 wurde in der Fasanenstraße (Nähe Kurfürstendamm/Kantstraße) das neue Haus der Jüdischen Gemeinde (West-)Berlins eingeweiht. Nur das Eingangsportal erinnert an die 1910–1912 von dem Architekten E. Hessel mit drei Kuppeln über dem ausladenden Mittelschiff im byzantinischen Stil errichtete Synagoge. In Charlottenburg wohnten vor

dem ersten Weltkrieg etwa 23000 meist begüterte Juden – Künstler, Anwälte und Ärzte vor allem.
Nachdem SA-Trupps seit 1931 Angriffe auf diese Synagoge unternommen hatten, konnten die Gottesdienste zeitweise nur unter Polizeischutz stattfinden. Während der Judenpogrome der »Reichskristallnacht« im November 1938 (→261) wurde auch dieses Gotteshaus von Faschisten in Brand gesetzt und zerstört. E 5

57 *Technische Universität*
Die heute beiderseits der Straße des 17. Juni (am Ernst-Reuter-Platz) zu findenden Bauten der Technischen Universität nutzten Baulichkeiten der Technischen Hochschule (1878–1884 von Lucae, Hitzig und Raschdorff im Renaissance-Stil erbaut) sowie Häuser der Bauakademie und der Gewerbeakademie.
Das neu erbaute Auditorium Maximum (am TU-Hochhaus) war Ende der 60er Jahre einer der Brennpunkte der studentischen Opposition. Am 17./18. Februar 1968 fand hier ein von den Studenten organisierter internationaler Kongreß gegen den Krieg der USA in Vietnam statt. Als der Studentenführer Rudi Dutschke (→120, 293) bei einer Protestaktion angeschossen wurde, besetzten die Studenten die Universität. E 5

58 *Schloß Charlottenburg*
Berliner Schlösser haben an der Spree zu stehen! Das war vielleicht nicht der einzige, aber sicher der Hauptgrund für die Standortbestimmung des Schlosses Charlottenburg 1695 durch die Namenspatronin und Kurfürstin Sophie Charlotte. Ihr Gemahl, der 1701 zum preußischen König gekrönte Friedrich I. (→ 130), ließ bis zu seinem Tod 1713 den von Johann Arnold Nering ausgeführten Mittelbau ständig vergrößern und verschönern. Südflügel und Kuppel stammen von E. v. Göthe (1701–1707); den Ost-Flügel ließ Friedrich der Große (→ 131) von Knobelsdorff (→ 156) anfügen (1741/42 – der Bau gilt als einer der schönsten des friderizianischen Rokoko); das im West-Flügel gelegene ehemalige Schloßtheater und das Belvedere im Park entwarf 1788 Carl Gotthard Langhans (→160).
Der vom Volk fast kultisch verehrten, 1810 verstorbenen Schloßherrin Königin Luise wurde nach Plänen Schinkels im Schloßpark das Mausoleum erbaut, das später mehrmals erweitert wurde.
Auch das Schloß Charlottenburg wurde bei Bombenangriffen im November 1943 schwer beschädigt und in den 50er Jahren mühevoll wiederaufgebaut. 1952 wurde im Ehrenhof des Schlosses das von Andreas Schlüter geschaffene Reiterdenkmal des Großen Kurfürsten (→132) aufgestellt, das ursprünglich neben dem Berliner Schloß (→29) auf der damaligen Langen Brücke stand.
Heute beherbergt Schloß Charlottenburg das Museum für Vor- und Frühgeschichte, das Ägyptische und das Kunstgewerbemuseum. F 4

59 *Gedenkstätte Zuchthaus Plötzensee*
In der Nähe des Westhafens (nördlich der hier beginnenden Stadtautobahn) befindet sich auf dem Gelände der Jugendstrafanstalt Plötzensee eine Gedenkstätte für die hier ermordeten 1574 politischen Gefangenen der Nazis; der jüngste der unter dem Fallbeil gestorbenen oder erhängten Nazigegner war 17 Jahre alt, der älteste 83. Allein 89 Menschen wurden in Zusammenhang mit dem 20. Juli 1944 (→266) in Plötzensee umgebracht, unter ihnen der SPD-Reichstagsabgeordnete Julius Leber, Generalfeldmarschall E. von Witzleben und der Leipziger Oberbürgermeister

C. Goerdeler. Aber nicht nur deutsche Antifaschisten, sondern Widerstandskämpfer aus 19 Ländern starben hier.
Am 25. April 1945 befreiten sowjetische Truppen die Überlebenden. Im September 1952 wurde die Gedenkstätte eröffnet. **G 5**

60 *Altstadt Spandau*
Mit ihrer ersten urkundlichen Erwähnung (→201) kann die Gemeinde Spandau, am Zusammenfluß von Spree und Havel gelegen, nachweisen, daß sie 40 Jahre älter ist als Berlin/Cölln. Wie Köpenick (→98) den östlichen, so markiert Spandau den westlichen Ausgangspunkt des Aufstiegs Berlins zur Weltstadt im Urstromtal entlang der Spree.
In der Breite Straße 32 ist ein im 13. Jahrhundert erbautes Haus – mit hoher Wahrscheinlichkeit das älteste Wohngebäude Berlins – zu bewundern; am Hohen Steinweg existieren noch Reste der im 14. Jahrhundert errichteten Stadtmauer nebst Wehrnische und Schießscharten.
Spandau bewahrte sich mehr als andere in Berlin aufgegangene Städte eine gewisse Eigenständigkeit; in den letzten Jahren auch bedingt durch die an Spandau vorbeiführende, 28 Jahre lang abgeriegelte Grenze zur DDR.
Mit dem Bau der Zitadelle (→60a) wurde Spandau zur ausgesprochenen Garnisonsstadt. Mitte des 19. Jahrhunderts siedelten sich hier Rüstungsfabriken an. Die Staatliche Geschützgießerei und die Artilleriewerkstatt beschossen von Spandau aus zu Test- und Übungszwecken den Tegeler See mit der Insel Scharfenberg als beliebtestem Ziel. Das löste 1872/73 massive Proteste einer der ersten Bürgerbewegungen aus. **F 1**

60a *Zitadelle Spandau*
Die nicht nur in Berlin, sondern auch im gesamten Nordeuropa einzigartige Zitadelle liegt direkt an der Havel, östlich der mit der U-Bahnlinie 7 bequem zu erreichenden Spandauer Altstadt (→60).
Auf dem durch seine natürlichen Voraussetzungen günstigen Gelände stand schon im 11. Jahrhundert eine slawische Wehranlage. Der Juliusturm soll zur Anfang des 13. Jahrhunderts hier errichteten askanischen Burg gehört haben. Er hat eine Höhe von 30 Metern und diente als Kern der Verteidigungsanlagen. Seine Zinnenkrone bekam er 1883 von dem berühmten Schinkel (→185).
Der Juliusturm war jahrhundertelang Gefängnis. 1571 saß Anna Sydow, eine Geliebte des Kurfürsten (→154), hier ein, 1819 der als »Turnvater« bekannte Friedrich Ludwig Jahn (→153). Nach dem Deutsch-Französischen Krieg 1870/71 wurde in diesem Turm der »Reichskriegsschatz« von 120 Millionen Mark in gemünztem Gold eingelagert.
Die bis heute erhaltene Grundform der Zitadelle stammt aus den Jahren 1562–1574, von dem Italiener Francesco Chiaramella de Gandino. An allen Seiten von der Havel umflossen, begrenzen vier Eckbastionen den Innenhof.
Zu den unrühmlichsten Kapiteln der Feste gehört deren kampflose Übergabe an französische Truppen am 25. Oktober 1906, Stunden vor der Eroberung Berlins durch Napoleon I. (→175). Im Befreiungskrieg 1813 verteidigten sich hier die Franzosen gegen die Belagerung durch preußische Truppen (Gedenktafel am Kommandantenhaus). Preußische Artillerie traf das Pulvermagazin, wodurch große Teile der Anlage zerstört, später aber wieder aufgebaut wurden.
Bis 1945 war die Festung eine militärische Einrichtung (unter anderem Giftkriegslabor ab 1935). Heute befindet sich im Kommandantenhaus und im ehemaligen Palas das Stadtgeschichtliche Museum Spandau. **G 1**

60b *Nikolaikirche Spandau*
Am Reformationsplatz, nur wenige Schritte vom Markt, steht die 1486 vollendete Spandauer Nikolaikirche. Der dreischiffige Backsteinbau mit in Berlin heute einzigartigem Kreuzgewölbe gehört zu den wenigen noch existierenden Beispielen norddeutscher Frühgotik.
Am 1. November 1539 soll in dieser Kirche mit einer Abendmahlsfeier der Übertritt des Kurfürsten Joachim II. (→154) und damit die Reformation der Kirchen der Mark Brandenburg besiegelt worden sein. Die Historiker streiten allerdings bis heute, ob der Fürst tatsächlich an dem bewußten Tag in dieser Kirche war.
Die Bronzestatue vor der Tür stammt aus dem Jahre 1889. An der Nordseite der Nikolaikirche befindet sich ein Denkmal für die Freiheitskriege 1813–1815 von Karl Friedrich Schinkel (→185). **F 1**

60c *Moritzstraße*
In der zum alten Markt führenden Moritzstraße stand bis 1898 das ehemalige Spandauer Zuchthaus, in dem vor allem politische Gefangene eingesperrt waren. Am 6. November 1850 befreite Carl Schurz aus diesem Bau in einer spektakulären Aktion einen seiner Mitkämpfer der Märzrevolution von 1848 (→221); Schurz mußte nach Amerika fliehen und war später Innenminister der USA. Die quer durch die Altstadt führende Straße ist nach ihm benannt. **F 1**

60d *Rathaus Spandau*
Das 1910–1913 am Altstädter Ring erbaute wuchtige Rathaus mit dem 72 Meter hohen Turm (300 Treppenstufen bis zur Aussichtsplattform) sollte vor allem in Richtung Berlin Selbstbewußtsein signalisieren. Von der Grundsteinlegung ist der Spruch überliefert: »Mög schützen uns des Kaisers Hand vor Groß-Berlin und Zweckverband!« **F 1**

61 *Kriegsverbrechergefängnis Spandau*
Wo in Spandau die Gatower Straße in die Wilhelmstraße mündet, befand sich seit Mitte des 19. Jahrhunderts eine Militärstrafanstalt, später Männer-Zuchthaus.
Auf dem Nürnberger Tribunal gegen die faschistischen Hauptkriegsverbrecher wurden im Oktober 1946 zwölf Todesurteile verhängt, weitere sieben angeklagte Naziführer erhielten hohe Freiheitsstrafen, die sie auf Beschluß des Alliierten Gerichtshofs in diesem von den Siegermächten abwechselnd bewachten Gefängnis anzutreten hatten:
- R. Heß, Stellvertreter Hitlers;
- E. Raeder, Oberbefehlshaber der Kriegsmarine;
- W. Funk, Reichswirtschaftsminister;
- K. Dönitz, Nachfolger Raeders als Marinechef;
- K. v. Neurath, Reichsaußenminister und Protektor von Böhmen und Mähren;
- B. v. Schirach, Reichsführer der Hitlerjugend und Gauleiter von Wien;
- A. Speer, Rüstungsminister.

Rudolf Heß (→145) war der einzige, dem alle Begnadigungsgesuche abgelehnt wurden, der seit 1966 als einziger Häftling in diesem Kriegsverbrechergefängnis verwahrt blieb. Er starb 1987 in seiner Zelle. **F 1**

62 *Wannsee-Villa*
In der idyllisch gelegenen geräumigen Villa Minoux am Westufer des Wannsees (Am Großen Wannsee 56–58) hatte die Deutsche Interpol ihr Quartier. Am 20. Januar 1942 (→262) fand in der ersten Etage dieses Hauses eine Geheimkonferenz statt. Sie wurde vom Chef des Sicherheits-

dienstes der SS, Heydrich, geleitet; das Protokoll der Besprechung führte SS-Obersturmbannführer A. Eichmann – Thema: »Endlösung der Judenfrage«. Es wurden Pläne besprochen, die europäischen Juden in großen Arbeitskolonnen »straßenbauend« nach Osten zu führen, »wobei zweifellos ein Großteil durch natürliche Verminderung ausfallen« werde. Den zählebigen »Restbestand« werde man dann »entsprechend behandeln müssen«. – Das Unfaßbare daran ist, daß so etwas wirklich in Angriff genommen wurde. C 2

63 *Schloß Tegel (Humboldt-Schloß)*
Im Nordwesten der Stadt, nur wenige Schritte vom Tegeler See entfernt, befindet sich das Tegeler Schloß. Seit 1766 war es im Besitz der Humboldts (→151, 152), der wohl berühmtesten preußischen Gelehrtenfamilie.
Karl Friedrich Schinkel (→185) machte aus dem vorgefundenen Renaissance-Bau 1821–1824 das heute noch zu bewundernde klassizistische Schlößchen. Zu dem Ensemble gehört auch die Familiengrabstätte der Brüder Wilhelm und Alexander von Humboldt, die von einer ionischen Säule mit der Statue der Spes, der Hoffnung, überragt wird. H 2

64 *Flughafen Tegel*
Der moderne Flughafen Tegel wurde 1969–1974 nach Plänen von M. v. Gerkan, V. Mang und K. Nickels erbaut, weil der früher wichtigste Westberliner Flugplatz Tempelhof (→73) den Anforderungen nicht mehr gewachsen war.
Seit 1829 hatte das Militär das Gelände des heutigen Flughafens mit Beschlag belegt; erst als Artillerie-, dann als Infanterie-Schießplatz. Seit 1900 hatte hier das 1. Militär-Luftschiffer-Bataillon seinen Standort. 1906 starteten auf diesem Platz die ersten Luftschiffe des Zeppelin-Konkurrenten Parseval.
Von September 1930 bis Juni 1934 unternahm der »Verein für Raketentechnik« auf dem Flugplatzgelände Experimente mit Flüssigkeitsraketen, die sie immerhin einen Kilometer hoch schossen; die 1936 unter Wernher von Braun (→112) fortgesetzten Entwicklungsarbeiten führten schließlich zu den deutschen Raketenwaffen V1 und V2.
Zum Flughafen wurde Tegel für die Luftbrücke während der Berlin-Blokkade (→274) ausgebaut und für den zivilen Flugverkehr im Februar 1960 geöffnet. G 4

65 *Alliierte Kommandantur*
Der 1926/27 errichtete Zweckbau des Verbands der öffentlichen Feuerversicherungen in der Kaiserwerther Straße/Ecke Thielallee in Dahlem wurde im Juli 1945 zum Sitz der Alliierten Kommandantur bestimmt. Dieses schon 1944 von den Siegermächten verabredete Gremium sollte aus den vier Kommandanten der besetzten Sektoren Berlins bestehen und das unmittelbare Leben der Stadt regeln und kontrollieren. Ähnlich den Vorfällen im Alliierten Kontrollrat (→50) verließ der sowjetische Stadtkommandant wegen unüberbrückbar scheinenden Differenzen am 16. Juni 1948 die Sitzung und erklärte die Arbeit der Kommandantur für beendet. Seitdem wird sie allein von den Stadtkommandanten der Westmächte geführt; die Abwesenheit des sowjetischen Kollegen wird als »Stimmenthaltung« verbucht.
Bis heute haben sich die Alliierten in ihren Sektoren bestimmte Rechte (beispielsweise im Luftverkehr von und nach Berlin) vorbehalten. A 3

66 *Freie Universität*
Die Gründung einer neuen Westberliner Universität als Gegenstück zur nach dem Krieg zu Ostberlin gehörenden Humboldt-Universität (→5g) war eine direkte Folge der Spaltung der Stadt (→275). Zunächst provisorisch in Dahlemer Villen untergebracht, wurden Ende der 50er Jahre aus amerikanischen Stiftungsmitteln an der Garystraße in Dahlem neue Universitätsgebäude (Bibliothek, Audimax, Hörsäle, Seminarräume) gebaut; dazu die Studentenwohnheime an der Potsdamer Chaussee.
US-Präsident John F. Kennedy wurde bei seinem Besuch im Juni 1963 (→289) die Ehrendoktorwürde der FU verliehen.
Während der Studentenrevolten Ende der 60er Jahre waren die Studenten der Freien Universität die ersten, die ihre Universität in einer spektakulären Aktion besetzten (Henry-Ford-Bau, 12. Juni 1966), um ihre Forderungen nach Demokratisierung des akademischen Betriebs durchzusetzen. A 3

67 *»Studenten- und Kameradschaftshaus«*
Die Mensa des 1936 am Steinplatz errichteten Studentenwohnheims bot nicht nur der späteren Technischen Universität (→57) nach dem Krieg die Chance des Neubeginns; es gab kaum noch unbeschädigte Säle in der Stadt. So fand nach dem Auszug der Stadtverordneten der Westsektoren aus dem bis dahin im sowjetischen Sektor arbeitenden gemeinsamen Berliner Magistrat am 6. September 1948 hier die erste separate Sitzung statt. Am 7. Dezember 1948 wurde in diesem Haus Ernst Reuter (→182) zum Oberbürgermeister des Westteils der Stadt gewählt; im Januar 1949 zog das Abgeordnetenhaus in das Rathaus Schöneberg um (→46). E 5

68 *Rathaus Steglitz*
Das 1896–1898 von H. Reinhardt/G. Süßenguth gebaute Rathaus an der in Steglitz wohl wichtigsten Straße, der Schloßstraße, ist nicht nur wegen seiner, ähnlich dem Märkischen Museum (→86), angewandten Stilmittel der Architektur interessant: Im Ratskeller wurde am 4. November 1901 von Schülern des Steglitzer Gymnasiums der Wandervogel-Verein der deutschen Jugend gegründet. Die jungen Leute fanden mit ihrem Konzept der Ablehnung bürgerlicher Zwänge, die sich in der Kleidung, in Verhaltensnormen usw. ausdrückten, und ihrer Hinwendung zur Natur, zu freier, natürlicher Lebensweise großen Anklang nicht nur unter der Berliner Jugend; 1927 zählte der Verband mehr als 4 Millionen Mitglieder. Mit der Machtübernahme der Nazis (→254) wurde auch der Wandervogel-Verein von der Hitlerjugend vereinnahmt. **B 5**

69 *Otto-Hahn-Haus*
Das Haus in der Thielallee/Ecke Faradayweg in Dahlem machte Wissenschaftsgeschichte: In einem Labor des 1912 erbauten Kaiser-Wilhelm-Instituts für Chemie entdeckten Professor Otto Hahn (→142) und Fritz Straßmann kurz vor Weihnachten 1938 den radioaktiven Zerfall von Uran bei Bestrahlung mit Neutronen. Diese Entdeckung machte den Weg frei zur gezielten Kernspaltung in Atomkraftwerken – und in Atombomben; Otto Hahn bekam dafür 1945 den Nobelpreis für Chemie.
Heute gehört das Haus mehreren Fachbereichen der Freien Universität (→66); der Alliierte Kontrollrat (→50) hatte 1946 die Kaiser-Wilhelm-Gesellschaft aufgelöst. A 3

70 *Reichssportfeld (Olympiastadion)*
Eigentlich waren für das Jahr 1916 schon einmal Olympische Spiele an Berlin vergeben; O. March hatte im Westend (von Charlottenburg) 1913

eigens dafür das »Deutsche Stadion« erbaut. Es war der Nazi-Regierung nicht repräsentativ genug; 1933 wurde es abgerissen, und der Sohn des ersten Architekten, W. March, errichtete am gleichen Platz das muschelkalkverkleidete Betonoval mit 90 000 Plätzen.
Hier wurden im Sommer 1936 von Adolf Hitler (→147) mit Friedenstauben und olympischer Flamme die Spiele der Berliner Olympiade eröffnet (→259). Der farbige US-Amerikaner Jesse Owens gewann in diesem Stadion vier Goldmedaillen.
Ende April 1945 wurde das Stadion zur »Festung« erklärt und von fanatischen Hitlerjungen gegen die Sowjetarmee unter blutigen Opfern »verteidigt«.
Nach Kriegsende fanden hier wieder sportliche Großveranstaltungen (unter anderem die Vorrunde zur Fußball-WM 1974), aber auch große Feiern zu Kirchentreffen statt. Da sich beide Teile Berlins mit guten Chancen um die Austragung der Olympischen Spiele im Jahre 2000 oder 2004 bemühen, dürfte auch dieses Stadion wieder zu sportlichen Ehren kommen. **E 2**

71 *AVUS*
Die 1921 fertiggestellte 18,4 Kilometer lange »Automobil-, Verkehrs- und Übungsstrecke« (AVUS) zwischen Charlottenburg und Nikolassee galt lange Zeit als eine der schnellsten Rennstrecken der Welt. Große Autorennen sollten vor allem für den deutschen Automobilbau werben: Beim Eröffnungsrennen am 24. September 1921 siegte das Fahrerpaar F. von Opel und C. Riecken mit einer Durchschnittsgeschwindigkeit von 128,7 Kilometer pro Stunde.
Die heute zur Stadtautobahn ausgebaute Strecke ist ein wichtiger Zubringer zum Berliner Autobahnring.
1989 verfügte der Westberliner Senat für die AVUS, die durch den Grunewald führt, aus Gründen des Unfall- und Umweltschutzes eine Geschwindigkeitsbegrenzung auf 100 Kilometer pro Stunde. Diese Entscheidung führte zu heftigen Kontroversen. **D 3**

72 *Rundfunkhaus (Masurenallee)*
In unmittelbarer Nähe des auf dem Ausstellungsgelände errichteten Funkturms (→55) wurde von Hans Poelzig 1929–1931 das erste Funkhaus Deutschlands gebaut, dessen Glanzstücke weniger die Fassadengestaltung als vielmehr die Konstruktion und die Einrichtung des Großen Sendesaals mit ausgezeichneter Akustik sind.
Seit dem Frühjahr 1933 war der gesamte deutsche Rundfunk dem Reichspropagandaministerium (→8a) unter Goebbels (→135) direkt unterstellt. Von hier aus wurden die Reden Adolf Hitlers (→147) in das gesamte Reich übertragen (»Seit heute früh 4.00 Uhr wird zurückgeschossen ...!«).
Am 2. Mai 1945 besetzten sowjetische Soldaten das Haus an der Masurenallee. Der zunächst von den Alliierten gemeinsam gedachte Betrieb des Rundfunksenders scheiterte am Veto der Sowjetunion. Die britische Besatzungsmacht, in deren Sektor sich das Gebäude befand, verbot schließlich ultimativ im Juni 1948 den ihrer Meinung nach pro-kommunistischen Sendebetrieb.
Der spätere DDR-Rundfunk sendet seitdem vom Haus in der Nalepa-Straße in Oberschöneweide. Seit dem 2. Dezember 1957 hat der Sender Freies Berlin (SFB) seinen Stammsitz im Rundfunkhaus Masurenallee. **E 3**

73 *Flughafen Tempelhof*
Auch das Tempelhofer Feld war (wie sein moderner Nachfolger Tegel; →64) Militärgelände; es war Exerzierplatz der Infanterie.
Um die Jahrhundertwende gab es hier und auf dem Flugfeld Johannisthal die ersten Flugversuche. Mit Beginn des zivilen deutschen Verkehrsflugs war am 8. Oktober 1923 von den Fluggesellschaften Aero Lloyd und Junkers ein provisorischer Flughafen auf dem Tempelhofer Feld eingerichtet worden.
Mit der Gründung der Lufthansa 1926 wurde Berlin-Tempelhof deren Stamm-Flughafen, der 1929 von P. und K. Engler ein dreigeschossiges modernes Abfertigungsgebäude erhielt. 1936 begann Ernst Sagebiel den Neubau als Berliner Zentralflughafen. Die bogenförmig angelegten Gebäudekomplexe wurden im zweiten Weltkrieg erheblich beschädigt.
Nach dem Krieg war der Flughafen Tempelhof der entscheidende Knotenpunkt für die Versorgung der Westberliner: Wegen der totalen Blockade der Zugänge zu den Westsektoren flogen die westlichen Alliierten alle lebensnotwendigen Güter über eine Luftbrücke ein (→274).
Der 1946 wieder aufgenommene zivile Flugverkehr von und nach Westberlin wurde 1975 nach Tegel verlegt. Ende der 50er Jahre war von der DDR-Regierung ein eigener Flughafen in Berlin-Schönefeld errichtet worden. C 7

74 *Volksbühne am Luxemburgplatz*
Das Theaterhaus der Volksbühne am Luxemburg-Platz (ehemals Bülowplatz) wurde 1913/14 von Oskar Kaufmann als eigene Spielstätte des Volksbühnen-Vereins erbaut. Hier, nordwestlich des Alexanderplatzes (→75), war 1906/07 das wegen seiner Elendsquartiere in Berlin berüchtigte Scheunenviertel abgerissen worden.
Der Volksbühnen-Verein wurde 1880 von linken Intellektuellen mit der Absicht gegründet, auch Arbeitern Zugang zum Theater zu ermöglichen. Von den Faschisten wurde dieser populäre Theaterverein 1933 aufgelöst und verboten. Nach dem Krieg entstand eine »Freie Volksbühne« in Westberlin; die alte Volksbühne wurde 1949 in Ostberlin wieder begründet und bezog 1954 das nach schweren Kriegsschäden rekonstruierte frühere Haus.
Seit dem Sturz der alten DDR-Führung und der damit verbundenen Kürzung öffentlicher Kulturgelder gibt es Bestrebungen, den alten Volksbühnen-Verein auch am Luxemburg-Platz wiederzubeleben. F 8

75 *Alexanderplatz*
Altes Geschäfts- und Verkehrszentrum des Berliner Ostens. Hier trafen sich die Landstraßen aus Frankfurt/Oder, Prenzlau, Landsberg. Im 18. Jahrhundert war der Platz Vieh- und Wollmarkt. Im Oktober 1805 wurde er zu Ehren des russischen Zaren Alexander I. (→102) nach ihm benannt (im Sprachgebrauch zu Alex verkürzt).
Einmalig in Berlin: Übereinander kreuzen sich hier auf sechs Ebenen drei U-Bahnlinien, mehrere Omnibuslinien und die sich über den 1886 zugeschütteten Königsgraben schlängelnde S-Bahn; dazu unterquert ein 660 Meter langer Autotunnel den Platz.
An der S-Bahnstation wird der Platz durch das Berolina- und das Alexander-Haus begrenzt, 1930–1932 erbaut als erster Teil einer hufeisenförmigen Umbauung des gesamten Areals, die aus Gründen der Bodenspekulation nicht realisiert werden konnte. Nach der fast völligen Zerstörung im zweiten Weltkrieg bekam der Platz zwischen 1966 und 1972 sein jetziges Aussehen.

Das Haus des Lehrers mit der Kongreßhalle steht etwa auf dem Platz des ehemaligen Lehrervereinshauses, das Centrum-Warenhaus ungefähr an der Stelle des zerstörten Kaufhauses Wertheim. Das Hoch-»Haus des Reisens« erhebt sich anstelle des abgebrochenen Shell-Hochhauses und der ausgebrannten Georgen-Kirche. Dominiert wird der Alexanderplatz heute vor allem vom 123 Meter hohen Hotel »Stadt Berlin«, das in 39 Etagen rund 2000 Betten anbietet. (Der Brunnen zwischen Centrum-Kaufhaus und Hotel wird im Volksmund in schamloser Übertreibung »Nuttenbrosche« genannt.) Beliebter Treffpunkt seit 1973: die Weltzeituhr mit der sinnbildlichen Darstellung des Sonnensystems.

Am Südausgang des Autotunnels (Richtung S-Bahn) erinnert eine Stele an das berüchtigte Berliner Polizeipräsidium. Es befand sich seit 1890 auf dem jetzigen Parkplatz entlang der Stadt-Bahn. Hier war im Sommer 1916 Rosa Luxemburg (→168) in Polizeihaft. Am 9. November 1918 besetzten aufständische Arbeiter das Polizeipräsidium und befreiten 650 Gefangene. Während der Nazi-Diktatur wurden Zehntausende Berliner Demokraten und Antifaschisten nach ihrer Verhaftung hier eingeliefert, viele furchtbar gefoltert, bevor sie in die Zuchthäuser oder Konzentrationslager abtransportiert wurden.

Das jetzige Polizeipräsidium befindet sich auf der gegenüberliegenden Seite des Platzes (Keibelstraße) im ehemaligen Verwaltungskomplex des Warenhauskonzerns Karstadt. **F 8**

76 *Fernsehturm*

Der Fernseh- und UKW-Turm am Alexanderplatz (→75) ist mit 365 Metern Spitzenhöhe das zweithöchste Bauwerk Europas. Sein stählerner Antennenmast steht auf einem 250 Meter hohen Stahlbetonschaft (Fußdurchmesser 32 Meter). Die Turmkugel hat sieben Etagen. Über dem Aussichtsgeschoß in 203 Metern Höhe (bei günstigem Wetter 40 Kilometer Sichtweite!) befindet sich ein Telecafé mit 200 Plätzen, das sich in einer Stunde einmal um die Achse des Turms dreht.

Der Turm ist nach Entwürfen von F. Dieter und B. Franke 1965–1969 erbaut und anläßlich des 20. Jahrestages der Gründung der DDR eröffnet worden. Die Edelstahlverkleidung der Kugel des Prestigebaus reflektiert das Sonnenlicht in Form eines Kreuzes; daher der Spottname »St. Walter« nach dem damaligen Staatsratsvorsitzenden Walter Ulbricht (→190). **E 8**

77 *Rotes Rathaus*

Als Berlin im Jahre 1709 zur königlichen Residenzstadt erhoben wurde (→211), übernahm man zunächst das am damaligen Cöllnischen Fischmarkt befindliche Rathaus. 1861–1869 entstand im Karree Spandauer Straße 7/Rathaus- (damals Königs-)straße/Grunerstraße ein repräsentativer Neubau im Stil der Neorenaissance. Der Name »Rotes Rathaus« hat nicht etwa politische Hintergründe – er geht auf die Farbe der für die Fassadenfronten verwendeten gebrannten Klinker zurück. Den 99,2 Meter breiten und mit den drei Innenhöfen 87,9 Meter tiefen Monumentalbau umgibt ein ebenfalls roter Terrakottafries mit Darstellungen aus der Geschichte der Stadt bis 1871. Diese Chronik wird übrigens am Gebäude Rathaus-/Ecke Poststraße im Nikolai-Viertel (→80) bis in die Gegenwart fortgesetzt. Der Turm ist 73,75 Meter hoch; die nach allen Himmelsrichtungen weisenden Uhren haben einen Durchmesser von 4,75 Metern.

Das Rote Rathaus ist Sitz des Oberbürgermeisters von Ost-Berlin und der Stadtverordnetenversammlung, die am 6. Januar 1870 erstmals in diesem

Gebäude tagte. 1883 wurden die ersten Sozialdemokraten in das Stadtparlament gewählt.
Das durch Bombenangriffe und den Sturm sowjetischer Truppen auf die Innenstadt Ende April 1945 fast völlig zerstörte Rathaus wurde 1951–1955 originalgetreu wiederaufgebaut. **E 8**

78 *Marienkirche*
Die Ende des 13. Jahrhunderts erstmals erwähnte Marienkirche ist neben der Nikolaikirche (→80a) die zweite erhaltene Pfarrkirche des alten Berliner Stadtkerns: Der dreischiffige Hallenbau zählt zu den ältesten Beispielen der Backsteingotik in der gesamten Region.
Im Inneren der evangelischen Bischofskirche von Berlin-Brandenburg befindet sich nicht nur eine einmalige Sammlung religiöser Malerei (mit wertvollen Arbeiten auch aus der im Krieg zerstörten Nikolaikirche), sondern auch die 1703 von Andreas Schlüter in einen der Pfeiler gesetzte Kanzel. Das am Hauptportal der Kirche (zur heutigen Karl-Liebknecht-Straße) stehende steinerne Kreuz erinnert an den an dieser Stelle 1324 im Streit erschlagenen Probst Nikolaus von Bernau. Für diese Untat war vom Papst über Berlin bis 1347 der Bann verhängt worden. In dem Steinkreuz befinden sich fünf Löcher. Der Überlieferung nach soll ein hartnäckig seine Unschuld beteuernder Verurteilter im Mittelalter die »Chance« bekommen haben, es dadurch zu beweisen, daß er die Finger einer Hand in diese fünf Löcher zu stecken vermochte. – Dafür war (und ist bis heute!) ein Wunder nötig. **E 7**

79 *Neptunbrunnen*
Der seit 1969 zu Füßen des Fernsehturms (→76) aufgestellte, 10 Meter hohe Bronzebrunnen mit dem Herrscher des Meeres Neptun wurde 1890–1891 im Auftrag des Berliner Magistrats von Reinhold Begas geschaffen – als Geschenk zum Regierungsantritt Kaiser Wilhelms II. (→196). Die vier den Meeresgott umlagernden Jungfrauen werden zweifach interpretiert: zum einen als Symbole der vier Jahreszeiten, zum anderen als Verkörperung der damals als deutsch-preußisch betrachteten wichtigsten vier Flüsse: Rhein (mit Fischnetz und Weinlaub); Weichsel (mit Hölzern); Oder (mit Ziege und Fellen); Elbe (mit Ähren und Früchten). Letztere Version dürfte die glaubwürdigere sein, denn Begas soll sich beim Vierströmebrunnen auf der römischen Piazza Navona die nötige Inspiration geholt haben.
Ursprünglich war der Brunnen an der Südseite des Berliner Schlosses (→29) aufgestellt. **E 7**

80 *Nikolai-Viertel*
Rund um die alte Pfarrkirche St. Nikolai (→80a) entstand auf dem ältesten Boden Berlins 1981–1987 auf einem geräumten Ruinenfeld aus dem zweiten Weltkrieg das Nikolai-Viertel neu. Es versucht, wiedererrichtete historische Bauten und moderne Wohnhäuser zu einem Ensemble zu verbinden.
Hier siedelten sich einst an einer Furt beiderseits der Spree Kaufleute und Handwerker an; auf dem westlichen Ufer entstand Cölln, auf dem östlichen Berlin (→202). Beide wuchsen schnell zusammen.
Das Nikolai-Viertel spiegelt die sozialen Kontraste des alten Berlins wider: So wurden neben dem pompösen Ephraimpalais (→80b) dem gewundenen Straßenverlauf folgend Bürgerhäuser mit winzigen Wohnungen errichtet. Eine Tafel am Nikolaiplatz 1d mit dem Hinweis, daß an dieser Stelle das Haus stand, in dem Lessing (→163) seine »Minna von Barnhelm«

vollendet haben soll, stimmt nicht ganz – der Originalstandort war allerdings in nächster Nähe.
Das Knoblauchhaus in der Poststraße 23 (erbaut 1759/60) hat als eines der wenigen des Viertels den Krieg überstanden – mit ihm die inzwischen rekonstruierten »Historischen Weinstuben« im Erdgeschoß (zu dessen prominentesten Gästen zählten die Dramatiker und Schriftsteller August Strindberg, Hendrik Ibsen und Gerhart Hauptmann).
Wenige Schritte weiter, am Mühlendamm, ist in einem der wiedererrichteten Häuser ein Berliner Handwerksmuseum eingerichtet worden.
Die Original-Gerichtslaube in der Poststraße (jetzt Bier- und Weinlokal) mußte 1870 dem Neubau des Roten Rathauses (→77) weichen, wurde aber 1871 im Park von Potsdam-Babelsberg wiederaufgebaut. Die jetzt vor der Nikolai-Kirche aufgestellte Kopie entspricht etwa dem Gebäude von 1270, dem 1485 ein Obergeschoß aufgesetzt worden ist.
Das frei stehende Häuschen in der Probststraße mit dem Gasthaus »Zum Nußbaum« stand (1571 erbaut) ursprünglich auf der cöllnischen Seite Berlins, auf der alten Fischerinsel. Berühmt wurde diese Altberliner Kneipe durch die Maler Heinrich Zille (→199) und Otto Nagel, die sich dort gern aufhielten. **E 7**

80a *Nikolaikirche*
Die wahrscheinlich 1230 erbaute, 1264 erstmals urkundlich erwähnte dreischiffige Hallenkirche ist die älteste Pfarrkirche Berlins. Daß sie dem heiligen Nikolaus geweiht wurde, erinnert an die einstige Hansestadt Berlin (→204): Nikolaus gilt als der Schutzpatron seefahrender Kaufleute. Am 2. November 1539 wurde von der Kanzel der Nikolaikirche für Berlin die Reformation verkündet. Am 6. Juli 1809 wurden in der Kirche die Mitglieder der ersten im Zuge der Stein-Hardenbergschen Reformen gewählten Stadtverordnetenversammlung Berlins vereidigt.
Im Juni 1944 brannten beide Kirchtürme ab; als Folge von Bombenangriffen stürzten im April 1945 Dachstuhl und Hallengewölbe ein.
Im August 1982 wurden die beiden je 53 Tonnen schweren Turmhelme auf die 40 Meter hohen, wiederaufgebauten Kirchtürme gehoben, die das Nikolai-Viertel weithin sichtbar überragen. Der 1983 von engagierten jungen Berlinern gegen die Stadtverordnetenversammlung geführte Streit, ob die vorgesehenen Neubauten des Viertels die mittelalterliche Kirche völlig erdrücken, führte zu einer nochmaligen Prüfung der Baupläne: Tatsächlich wurden die Original-Proportionen zwischen dem Gotteshaus und seinem einstigen baulichen Umfeld rekonstruiert. **E 7**

80b *Ephraimpalais*
Das Haus am Mühlendamm mit seiner Rokoko-Fassade, den vergoldeten Balkonbrüstungen, seinem Puttenschmuck und den toskanischen Säulenpaaren gilt als das schönste Palais der Altstadt. Das 1761–1764 in seiner heutigen Gestalt errichtete Haus gehörte Veitel H. Ephraim, dem Pächter der Berliner Königlichen Münze. Ihm vor allem lasteten die Berliner den an immer schlechterem Geld bemerkbaren Währungsverfall infolge der Kriege Friedrichs II. (→131) an.
1935 ist das Haus bei der Verbreiterung des Mühlendamms abgetragen worden. Die Sandsteinblöcke der prächtigen Fassade wurden in Westberlin eingelagert. Sie wurden – als ein Zeichen guten Willens und wachsender Vernunft zwischen beiden Teilen der Stadt – wieder zurückgegeben, als das Ephraimpalais zur 750-Jahr-Feier Berlins (1987) wenige Meter von seinem alten Standort entfernt wiedererrichtet wurde. Heute beherbergt es Ausstellungsräume und ein Café. **E 7**

81 *Ermeler-Haus*
Heute Märkisches Ufer 10. Es ist benannt nach einem seiner früheren Besitzer, dem Tabakhändler Wilhelm Ermeler, der es 1824 erworben hatte. Erbaut wurde es 1761 von Peter Friedrich Damm, dem Armee-Lederlieferanten Friedrichs des Großen (→131).
Ursprünglich stand das Haus in der Breiten Straße 11, daher auch der stadtbekannte Spruch: »Wo kommt der beste Tabak her? Aus der Breite Straße von Ermeler!«
Nach mehreren Umbauten und dem schließlichen Abbruch entstand das Haus 1968–1969 am heutigen Standort. Heute beherbergt es eine Gaststätte in drei Etagen: Feinschmeckerrestaurant in originalgetreu nachgestalteten Räumen mit Wand- und Deckenmalereien von Carl Friedrich Fechhelm, Café und Disco, im Keller das Bierlokal »Raabe-Diele«. Der Küchentrakt des Hauses befindet sich übrigens im Nachbarhaus, einem Duplikat des ebenfalls historischen Gebäudes aus der früheren Friedrichsgracht 15. Es wurde auf der jenseits des Spreearms liegenden Straße erst abgetragen, als 1970 die originalgetreue Kopie fertig war. **E 8**

82 *Stadthaus*
Da der Stadtverwaltung das Rote Rathaus (→77) nach der Jahrhundertwende zu eng wurde, errichtete Stadtbaurat Ludwig Hoffmann ganz in der Nähe, zwischen Parochialstraße und Stralauer Straße, von 1902–1911 einen vielzimmrigen stilvollen Verwaltungsbau. In diesem Stadthaus, das mit Muschelkalk verkleidet und von einem 101 Meter hohen Turm gekrönt wurde, hatte seit 1949 der Ministerpräsident der DDR seinen Amtssitz. Das auf der anderen Seite der Parochialstraße 1938 errichtete Gebäude der Städtischen Feuerversicherung machte als Neues Stadthaus vor allem nach 1945 Geschichte: Im Großen Konferenzsaal des Hauses wurde im Juni 1945 der Freie Deutsche Gewerkschaftsbund gegründet. Im gleichen Monat trat hier der erste Berliner Nachkriegsmagistrat zusammen, da das Rathaus noch in Trümmern lag. **E 8**

83 *Stadtgericht*
Das in der heutigen Littenstraße (benannt nach dem antifaschistischen Rechtsanwalt Hans Litten, der 1938 im faschistischen KZ Dachau ermordet wurde) zu findende Haus des Berliner Stadtgerichts wurde 1896–1905 nach Plänen von P. Thoemer, R. Mönnich und O. Schmalz mit Elementen des Jugendstils und des Neobarocks erbaut. Herausragend das weitläufige Treppenhaus, das sich domartig bis in die vierte Etage öffnet. **E 8**

84 *Berliner Stadtmauer*
Nahe dem S-Bahnbogen zwischen Littenstraße und Waisenstraße sind die letzten Reste der ältesten, aus Feldsteinen zwischen 1260 und 1280 errichteten Stadtmauer um Berlin/Cölln zu sehen. Die Häuser in der Waisenstraße sind 1680 direkt an die Stadtmauer gebaut worden. In einem von ihnen, gegenüber der einmündenden Parochialstraße, befindet sich eine der berühmtesten Altberliner Bierkneipen. Nach dem nahegelegenen Stadtgericht (→83) und der damit verbundenen Stammkundschaft heißt das Lokal »Zur letzten Instanz«. Heinrich Zille (→199) soll hier einer der Stammgäste gewesen sein. **E 8**

85 *Graues Kloster*
Die von Spree zur Grunerstraße führende Klosterstraße endet an der Ruine der 1945 zerstörten, Mitte des 13. Jahrhunderts in gotischem Stil errichteten Kirche des Franziskaner-Klosters.

Berühmt wurde das Graue Kloster durch das 1574 in den Klostergebäuden an der Stadtmauer gegründete erste Gymnasium der Mark Brandenburg. Zu den prominentesten Schülern dieses Gymnasiums gehörten die Bildhauer und Architekten Johann Gottfried Schadow und Karl Friedrich Schinkel (→ 185) und auch der spätere Reichsgründer Otto von Bismarck (→ 108). **E 8**

86 *Märkisches Museum*
Das in der Nähe des S-Bahnhofs Jannowitzbrücke zu findende Märkische Museum ist das größte Heimatmuseum der Stadt und auch das bedeutendste Regionalmuseum der DDR. Es ist 1874 auf Anregung des Mediziners Rudolf Virchow (→ 191) und des Stadtrates Ernst Friedel eingerichtet worden. Das auffällige Backsteingebäude ist 1901–1907 nach Plänen von Ludwig Hoffmann in bewußter Anlehnung an den traditionellen Stil wichtiger Bauten der Mark Brandenburg (zum Beispiel die Katharinen-Kapelle in Brandenburg, die Bischofsburg zu Wittstock) errichtet worden.
An der Rückfront des Museums befindet sich der Köllnische Park mit einem Turm der alten Berliner Befestigungsanlage von 1683 und einer Kopie des Rolands von Brandenburg aus dem Jahre 1474. Im Bärenzwinger werden Braunbären gehalten, die Berliner Wappentiere. **E 8**

87 *Volkspark Friedrichshain*
Die heute weithin sichtbaren Berge im 1846–1848 angelegten, 56 Hektar großen »Erholungspark für alle Stände« gibt es erst seit Kriegsende: Vor allem von Berliner Trümmerfrauen wurden in den ersten Jahren nach dem Krieg mehr als eine Million Kubikmeter Schutt der zerbombten Wohnviertel ringsum auf die beiden, mitten im Park von den Nazis errichteten (mit Flak-Geschützen verteidigten) Beton-Hochbunker gekarrt; daher der in Berlin mitunter noch zu hörende Name »Mont Klamott« für den 78 beziehungsweise 48 Meter hohen, inzwischen baumbestandenen Doppelberg.
An der Südseite des Parks (Nähe Leninplatz) befindet sich der »Friedhof der Märzgefallenen«; ein schlichter Gedenkstein erinnert an die an dieser Stelle beigesetzten 183 Revolutionäre der Kämpfe vom 18. März 1848 (→ 221). Zehntausende Berliner erwiesen ihnen hier am 22. März 1848 die letzte Ehre. Seither kam es immer wieder an Jahrestagen dieser bürgerlich-demokratischen Revolution an dieser Stelle zu Kundgebungen, die nicht selten mit Zusammenstößen mit der Polizei endeten.
An der Westspitze des Parks (am früheren Königstor/Richtung Alexanderplatz; → 75) befindet sich der 1913 gegen den Widerstand des Kaisers (→ 195) vom Stadtbaurat Ludwig Hoffmann für die Arbeiterkinder erbaute Märchenbrunnen. Ignatius Taschner und Georg Wrba gestalteten bekannte Figuren aus Märchen der Brüder Grimm (→ 138, 139). **F 8**

88 *Wasserturm Prenzlauer Berg*
Neben dem erhaltenen, denkmalgeschützten Wasserwerk Friedrichshagen aus dem Jahre 1893 gehört der auffällige Wasserturm an der Knaackstraße im Stadtbezirk Prenzlauer Berg zu den architektonisch wie stadtgeschichtlich bemerkenswertesten Kommunalbauten des vorigen Jahrhunderts.
Bis zur Errichtung dieses Rundturms (mit Wohnungen in sechs Etagen) 1853–1856 durch die Engländer Fox und Crampton hatten die Einwohner der ständig wachsenden Stadt ihr Wasser aus der Spree und aus Tiefbrunnen bezogen. Mit dem Bau dieses ersten Berliner Wasserturms und

eines Wasserwerks am Stralauer Tor, direkt an der Spree, war die Ära der Versorgung mit Trinkwasser aus Leitungen eröffnet; ab 1915 übernahmen allerdings Pumpstationen die Aufgabe des alten Wasserturms. **F 8**

89 *Synagoge Rykestraße*
Zu Füßen des Wasserturms (→88), eine Art Wahrzeichen des Berliner Stadtbezirks Prenzlauer Berg, beginnt die Rykestraße. Im Hof des Hauses 53, einem der ersten Häuser dieser Straße, befindet sich eine der wenigen jüdischen Synagogen, die trotz der Plünderungen und Schändungen durch die deutschen Faschisten (die SA hatte die Räume als Pferdestall verwendet) auch die Zeit des Faschismus überstanden.
Der Backsteinbau war 1903/04 vom jüdischen Baumeister Johann Hoeniger errichtet und 1977/78 originalgetreu restauriert worden. Der Friedenstempel hat Platz für 2000 Menschen, aber so viele Mitglieder zählt die Jüdische Gemeinde (Ost-)Berlins auch heute noch nicht wieder. **F 8**

90 *Jüdischer Friedhof Schönhauser Allee*
Am U-Bahnhof Senefelder Platz (Richtung Pankow) beginnt neben dem Gebäude der Polizei der 1827 als Ersatz für den jüdischen Friedhof an der Großen Hamburger Straße angelegte Begräbnisplatz.
Mehr als 5000 Berliner Juden wurden hier beigesetzt, unter ihnen der Komponist Giacomo Meyerbeer (1791–1864), der Verleger Leopold Ullstein (1826–1899) und der Maler Max Liebermann (1847–1935), dessen Begräbnis zu einer schweigenden Protestversammlung gegen die Hitler-Diktatur wurde.
Auch dieser jüdische Friedhof wurde 1943 von den Faschisten verwüstet. Im Schacht einer Zisterne auf dem Friedhofsgelände wurden 1944 Deserteure von der SS entdeckt und an den umstehenden Bäumen aufgehängt. **F 8**

91 *Jüdischer Friedhof Weißensee*
In Weißensee (südlich der Klement-Gottwald-Allee/westlich der Indira-Gandhi-Straße) findet sich der mit mehr als 115000 Gräbern größte jüdische Friedhof Deutschlands. Am 9. Oktober 1880 hatte die Jüdische Gemeinde diese Begräbnisstätte eingeweiht.
Der mit Sakralbauten im Stil der italienischen Renaissance gestaltete Eingangsbereich in der heutigen Herbert-Baum-Straße stammt von dem Architekten Hugo Licht. Die vor allem um 1900 errichteten Prachtgräber spiegeln das Repräsentationsbedürfnis der Erfolgreichen der Gründerjahre wider.
Die Kaufhaus-Gründer Hermann Tietz (→189) und Adolph Jandorf (KaDeWe) sind hier begraben, ebenso die bekannten Verleger Samuel Fischer und Rudolf Mosse, der Industrielle Emil Rathenau (→180) und der Publizist Theodor Wolff. Auch das Grab der Familie Tucholsky befindet sich auf diesem Friedhof.
Rund 3000 jüdische Menschen, die in der Zeit des Faschismus aus dem Leben schieden, weil sie dem Terror nicht länger gewachsen waren oder der drohenden Deportation in die Vernichtungslager zuvorkommen wollten, fanden hier ihre Ruhestätten.
Herbert Baum (→105), nach dem die Straße zum Friedhof benannt ist, leitete eine Widerstandsgruppe junger, zumeist jüdischer und kommunistischer Antifaschisten. Im Mai 1942 erregte sie mit einem Brandanschlag auf die faschistische Hetzausstellung »Das Sowjetparadies« im Berliner Lustgarten Aufsehen. Herbert Baum wurde am 11. Juni 1942 in der Un-

tersuchungshaft ermordet. Auf dem Friedhof erinnert ebenso wie im Lustgarten selbst ein Gedenkstein an den antifaschistischen Widerstandskampf der Baum-Gruppe.
Seit Anfang der 80er Jahre ist dieser Friedhof Nationales Kulturdenkmal der DDR. G 9

92 *Karl-Marx-Allee (Stalinallee)*
Die große Ost-West-Magistrale beginnt an der Karl-Liebknecht-Straße/ Alexanderplatz (→75), geht über den Strausberger Platz zum Frankfurter Tor, wo sie als Frankfurter Allee (später nur noch Fernverkehrsstraße F1/5) bis zum Autobahnring um Berlin führt.
Diese Straße entlang hatten sich im Frühjahr 1945 sowjetische Truppen den Weg zur Zentrale des faschistischen Reiches (→8) freigekämpft; deshalb wurde die frühere Große Frankfurter Straße am 21. Dezember 1949 (dem Geburtstag Stalins) in Stalinallee umbenannt – bis 1961.
Da die anliegenden Arbeiter-Wohnviertel in den Bombennächten des Krieges schwer zerstört worden waren, wurde das Areal zwischen Strausberger Platz und Frankfurter Tor als Paradestück des sozialistischen Neuaufbaus der Stadt ausersehen: Am 3. Februar 1951 erfolgte die Grundsteinlegung des neuen Wohngebiets. Die Architektengruppe unter Hermann Henselmann folgte eindeutig politischer Vorgabe mit dem Versuch, dem arabeskenreichen, verschwenderischen Gründerstil der Sowjetarchitektur Altberliner Details, wie nachempfundene klassizistische Fensterumrahmungen, aufzupflanzen.
Diese Verbeugung vor den sowjetischen Befreiern war von Anfang an umstritten; heute allerdings wirken diese ersten Nachkriegsneubauten im Vergleich mit den 1959–1965 errichteten unschönen Betonkästen zwischen Alexanderplatz und Strausberger Platz geradezu behaglich.
Von den Baustellen der Stalinallee ging am 15./16. Juni 1953 ein Streik gegen die von der DDR-Regierung beschlossene Erhöhung der Arbeitsnormen aus. Dies gab das Signal zum Aufstand am 17. Juni (→281). E 9

93 *Staatssicherheitszentrale (Normannenstraße)*
Im Karree Normannenstraße – Magdalenenstraße – Frankfurter Allee – Ruschestraße wurde in den 70er und 80er Jahren die Zentrale des einstigen Ministeriums für Staatssicherheit der DDR ausgebaut. Die wichtigste Aufgabe der gefürchteten Stasi, die über den Minister Erich Mielke allein und direkt dem SED-Chef Erich Honecker (→149) unterstand, war neben Spionageabwehr und Schutz vor Diversion und Sabotage in der letzten Zeit vor allem die völlige Überwachung und Bespitzelung von Millionen DDR-Bürgern. Bei ihrer Auflösung hatte die Stasi etwa 85 000 hauptamtliche und nach Schätzungen mehr als 100 000 (manche gehen auch von mehreren Hunderttausenden aus) »informelle« Mitarbeiter.
Zur »Verhinderung staatsfeindlicher Aktivitäten« richteten sich die zum großen Teil illegalen und gesetzwidrigen Aktivitäten der Staatssicherheit mehr und mehr gegen demokratische Kräfte, die in Opposition zur SED standen, aber eine Erneuerung des Sozialismus in der DDR anstrebten.
Der Versuch der Übergangsregierung im Dezember 1989, dieses Ministerium durch ein »Amt für Nationale Sicherheit« zu ersetzen, scheiterte am Widerstand der demokratischen Bürgerbewegungen. Nachdem immer neue Details über Vergehen und Verbrechen der Stasi bekannt wurden, stürmten Demonstranten Mitte Januar 1990 die Zentrale. Bis zur endgültigen Abwicklung der Auflösung aller Amtsstellen wurden deren Gebäude von Bürgerkomitees besetzt und kontrolliert. E 10

94 *Gedenkstätte Friedrichsfelde*
Der 1881 angelegte Städtische Zentralfriedhof im Stadtbezirk Lichtenberg (vom S-Bahnhof Lichtenberg aus führt die Gudrunstraße direkt zum Haupteingang) war eine traditionelle Begräbnisstätte der alten Sozialdemokratie. Am 25. Januar 1919 wurde hier mit dreißig anderen ermordeten Revolutionären der Führer des Spartakusbundes und KPD-Gründer Karl Liebknecht (→164) beigesetzt. Für Rosa Luxemburg (→168) senkte man einen leeren Sarg ins Grab, da ihre Leiche erst später aufgefunden wurde. Der Magistrat hatte zuvor die Beisetzung der getöteten Linken auf dem »Friedhof der Märzgefallenen« (im Friedrichshain) verboten. Eine Arbeiterdemonstration erwies den Ermordeten die letzte Ehre.
Bis in die Gegenwart finden am zweiten Sonntag im Januar diese Demonstrationen zum Friedhof Friedrichsfelde, seit 1951 »Gedenkstätte der Sozialisten«, statt.
Die im Juni 1926 enthüllte wuchtige Gedenkmauer stammte von Mies van der Rohe. Sie wurde 1935 von den Nazis gesprengt. Am Pergolenweg des Friedhofs finden sich die Gabstätten politischer Prominenz der DDR: unter anderen von Wilhelm Pieck (→179), Otto Grotewohl (→140) und Walter Ulbricht (→190). **E 11**

95 *Gedenkstätte Karlshorst*
Im Haus der Pionierschule der Wehrmacht in der heutigen Fritz-Schmenkel-Straße in Berlin-Karlshorst hatte der Stab des sowjetischen Oberkommandos unter Marschall Georgi K. Shukow sein Hauptquartier genommen. Dort unterschrieb in der Nacht vom 8. zum 9. Mai 1945 (in den Chroniken ist als Uhrzeit 0.16 Uhr vermeldet) der Oberbefehlshaber der Wehrmacht, Generalfeldmarschall Keitel, die bedingungslose deutsche Kapitulation. Das war das Ende des in dieser Stadt geplanten und von hier aus geführten zweiten Weltkriegs, der 55 Millionen Menschen, darunter 6 Millionen Deutsche, das Leben kostete.
In diesem Haus hatte vom 10. Juni 1945 bis zu ihrer Auflösung nach Gründung der DDR (→277) die Sowjetische Militäradministration Deutschlands (SMAD) ihren Sitz. In den 60er Jahren wurde in 14 Räumen des Hauses eine Gedenkstätte eingerichtet, in der nicht nur die Kapitulation, sondern vorrangig der Kampf der Sowjetarmee, vom Überfall auf die Sowjetunion durch Hitlerdeutschland am 22. Juni 1941 bis zum Sturm auf Berlin, dokumentiert ist. **C/D 12**

96 *Spreetunnel*
Die bis zur Spitze der Halbinsel Stralau führende Tunnelstraße erinnert an eine technische Pionierleistung: 1887 hatte die AEG (→51) hier einen Tunnel unter der Spree nach Treptow (in Höhe der bekannten Berliner Ausflugsgaststätte »Zenner«) gebaut, um den praktischen Beweis für den möglichen Bau einer Untergrundbahn in dieser Stadt zu liefern. Bis 1930 unterquerte an dieser Stelle eine Straßenbahnlinie die Spree. **D 10**

97 *Sowjetisches Ehrenmal Treptow*
Monumentale Begräbnisstätte für 5000 der mehr als 20000 im Kampf um die Befreiung Berlins im Frühjahr 1945 gefallenen sowjetischen Soldaten und Offiziere. Die Anlage wurde 1946 bis 1949, teilweise unter Verwendung von Abbruchteilen aus Hitlers Reichskanzlei (→8a), errichtet. Im Vorhof befindet sich die Plastik der trauernden »Mutter Heimat«. Rote Granitwände symbolisieren gesenkte Fahnen. 16 reliefgeschmückte, mit Stalin-Zitaten versehene Sarkophage stehen für die Unionsrepubliken der UdSSR. Auf einem Hügel, dem archaischen russischen Heldengrab

Kurgan in der Donebene nachgestaltet, erhebt sich das Mausoleum mit der 11,6 Meter hohen Bronzefigur. Sie stellt einen das faschistische Hakenkreuz zertretenden Sowjetsoldaten dar; in der Rechten ein Schwert, auf dem linken Arm ein gerettetes deutsches Kind. (Die als Anregung für die Skulptur dienende Rettungstat hat sich in unmittelbarer Nähe unter Einsatz des Lebens tatsächlich zugetragen.) Der Bildhauer J. V. Wutschetitsch war selbst Frontsoldat. **D 10**

98 *Köpenicker Altstadt*

Wenn man allein nach amtlichen Urkunden urteilt, dann ist auch Köpenick älter als Berlin: Die erste Erwähnung datiert 1209, die Verleihung des Stadtrechts auf das Jahr 1232. Für den Namen der Stadt gibt es zwei Erklärungen: eine sagenhafte, nach der einem Fischer ein riesiger Krebs ins Netz gegangen war, der auf dem Markt den Kunden zurief: »Koop mich nich, koop nich!« (Kauf nicht!) – woraus der Name Köpenick und das Bild des Krebses im Stadtwappen hergeleitet werden. Historiker neigen mehr zu der wissenschaftlichen Erklärung, die sich nach den ursprünglichen Siedlern auf die wendischen Worte Copa (Insel) oder Copanic (Inselort) beruft.

Daß die Köpenicker von jeher zu den originellsten Berlinern zu rechnen sind, belegt die im Heimatmuseum im Schloß (→98e) verwahrte Liste mit den »sieben Weltwundern von Köpenick«. Sie verzeichnet einen Lehrer namens Dummer; einen Borgmann heißenden Bürgermeister; einen ortsansässigen Arzt mit dem Namen Todt; ein altes Fräulein, das 80jährig den Jungmännerverein Köpenick gründete; das Krankenhaus am Friedhof; das Gefängnis an der Straße »Freiheit«; den Ratskeller im Obergeschoß des Rathauses.

Vom S-Bahnhof Köpenick (bereits 1842 Haltepunkt der Eisenbahn Berlin-Frankfurt/Oder) führt die belebte Bahnhofstraße. **A 13**

98a *Altes Amtsgericht*

Von der Bahnhofstraße linker Hand durch die Seelenbinderstraße zu erreichen ist das Amtsgericht am Mandrellaplatz, 1899–1901 im Stil der Neorenaissance von Paul Thoemer erbaut. Im dazugehörigen Gerichtsgefängnis vollzog Köpenicker SA im Juni 1933 jene grauenvolle Rache an 91 Nazigegnern, die als »Köpenicker Blutwoche« (→257) in Erinnerung geblieben ist; Mahnmal am Platz des 23. April. **B 13**

98b *Platz des 23. April*

An der Alten Spree erinnert ein Denkmal in der parkähnlichen Anlage an den Tag der Befreiung Köpenicks vom Faschismus. Köpenick gehörte zum ersten Stadtgebiet der Reichshauptstadt, das die Sowjetarmee im April 1945 erreicht hatte. Von hier aus begann der Sturm auf das Stadtzentrum. **B 13**

98c *Rathaus Köpenick*

Im Zentrum der am Zusammenfluß von Spree und Dahme errichteten Köpenicker Altstadt steht das 1901–1904 von H. Schütte und H. Kinzer gebaute neogotische Backstein-Rathaus, an just der Stelle, wo schon im Mittelalter das Bürgerhaus seinen Standort hatte.

Der Prachtbau, an dessen Innenausstattung (Holztäfelung und Glasmalerei) die damaligen Ratsherren nicht sparten, wurde aber in aller Welt bekannt durch einen Jahrhundert-Gag: den Raub der Stadtkasse durch den Schuhmacher Wilhelm Voigt (→192), der sich 1906 nur durch eine Hauptmanns-Uniform »legitimierte« (→235). **A 13**

98d *Fischerkietz*
In der einstigen Kietzer Vorstadt Köpenicks, am Ostufer der Dahme, sind zwischen der Kietzstraße und der Gartenstraße die letzten der kleinen alten Fischerhäuser aus dem 17. und 18. Jahrhundert zu finden, die zu den ältesten Wohngebäuden Berlins gehören. **A 13**

98e *Schloß Köpenick*
Die Straße Alt-Köpenick führt am Rathaus (→98c) vorbei direkt zu einer Holzbrücke über den Wassergraben auf die Schloßinsel. Hier, am Schnittpunkt der Flüsse Dahme und Spree, wurden die frühesten Besiedlungen des gesamten Großraums Berlin nachgewiesen – schon in der Steinzeit gab es an dieser Stelle Fischerhütten.
Im frühen Mittelalter hatte der Slawenfürst Jaxa von Köpenick (Münzprägung als »ZACZA DE COPNIK«) seinen Sitz auf der Schloßinsel. Das heutige Schloß ist 1677–1681 im holländischen Barockstil (Architekt: R. v. Langgerfeldt) erbaut worden.
Meisterhafte Stuckarbeiten und Deckenmalerei zieren die Innenräume, deren Prachtstück der Wappensaal ist. Das heute im Schloß Köpenick untergebrachte Kunstgewerbemuseum zeigt als Attraktion das Silberbüfett aus dem Berliner Schloß (→29). Es wurde von Augsburger Meistern 1695–1698 für Kurfürst Friedrich III. angefertigt. Zu seinen Kostbarkeiten gehört auch der »Goldschmuck der Kaiserin Gisela« aus dem 10. Jahrhundert.
Vom 22.–28. Oktober 1730 tagte im Wappensaal des Schlosses auf Befehl Friedrich Wilhelms I. das Kriegsgericht gegen den »dessertierten Oberistlieutenent Fritz«, den jungen Kronprinzen Friedrich (später Friedrich der Große; →131), und seinen Freund Leutnant Hans Hermann von Katte, der auf Befehl des Königs hingerichtet wurde. **A 13**

99 *Müggelberge*
Südöstlich von Köpenick findet sich eines der schönsten Ausflugsgebiete Berlins. Zwischen Müggelsee und Langem See gibt es 160 Kilometer markierter Wanderwege, die an zahlreichen Gaststätten vorbeiführen. Die Müggelberge sind bis zu 115 Meter hoch und werden deshalb »Berliner Alpen« genannt.
Den heutigen Müggelturm mit einem Aussichtsgeschoß in 30 Metern Höhe gibt es erst seit 1961; sein 1890 im Pagodenstil aus Holz errichteter Vorgänger brannte 1958 ab. Von der nur wenige Schritte entfernten Bismarckwarte (→108) ist heute nur noch ein Trümmerberg zu sehen; sie wurde noch 1945 von der Wehrmacht gesprengt. Wanderungen kann man übrigens zum mehr als 700 Jahre alten ehemaligen Fischerdorf Rahnsdorf oder nach Müggelheim unternehmen, einer 1747 von Pfälzer Bauern gegründeten Siedlung. **A 13**

99 Persönlichkeiten

(Die 1 davor nur zur Unterscheidung)

101 *Adenauer, Konrad*, geb. 5. 1. 1876, gest. 19. 4. 1967; deutscher Politiker; ab 1906 Mitglied der Zentrumspartei, 1917–1933 Oberbürgermeister von Köln, ab 1946 Vorsitzender der CDU in der britischen Besatzungszone, 1949–1965 Vorsitzender der CDU, erster Bundeskanzler der BRD

(1949–1963). Auf der Westseite maßgeblich an der Spaltung Deutschlands beteiligt. Am 19. 10. 1955 trat unter Kanzler Adenauer erstmals der Deutsche Bundestag in Berlin zu dreitägigen Beratungen zusammen (im Großen Hörsaal des Physikalischen Instituts der Technischen Universität). Am 7. 2. 1957 faßte der Bundestag auf Vorschlag Adenauers den Berlin-Beschluß: »Berlin ist die Hauptstadt Deutschlands.« **E 5**

102 *Alexander I.*, Zar von Rußland, geb. 23. 12. 1777, gest. 1. 12. 1825. Wurde 1801 zum Zaren gekrönt, begünstigte in seinen ersten Regierungsjahren gemäßigt-liberale Reformen. Im Oktober 1805 weilte er als Staatsgast in Berlin. Zur Erinnerung an den feierlichen Einzug des Zaren wurde der Alexanderplatz (→ 75) nach ihm benannt. **F 8**

103 *Arnim, Bettina von*, geb. 4. 4. 1785, gest. 20. 1. 1859; Schriftstellerin. Verbrachte mehr als die Hälfte ihres Lebens in Berlin. In ihrem Palais an der Wilhelmstraße (→ 8) unterhielt sie einen in Berlin ebenso prominenten wie politisch und künstlerisch wichtigen Salon. Der von ihr sehr geschätzte Goethe über sie: »Halb Hexe, halb Engel, halb Prophetin, halb Lügnerin, halb Sybille, halb Amazone, halb Kind, halb Schauspielerin … – das wunderlichste Wesen von der Welt.« **E 7**

104 *August Ferdinand, Prinz von Preußen*, geb. 1730, gest. 1813. Bedeutend nur durch die Tatsache, daß er der jüngste der Brüder Friedrichs des Großen (→ 131) war und 1784 das Spreegrundstück erwarb, auf dem er als seinen Sommersitz Schloß Bellevue (→ 40) errichten ließ. **E 6**

105 *Baum, Herbert*, geb. 10. 2. 1912, ermordet 1942 in faschistischer Untersuchungshaft. Funktionär des KJVD, leitete eine illegale Widerstandsgruppe junger jüdischer Kommunisten Berlins, die in der Nacht vom 17. zum 18. Mai 1942 in einer spektakulären Aktion eine antisowjetische Hetzausstellung im Lustgarten in Brand setzte (→ 263). An ihn erinnert ein Gedenkstein vor dem Berliner Dom (→ 31); sein Grab ist auf dem Jüdischen Friedhof Weißensee (→ 91) zu finden. **G 9**

106 *Bebel, August*, geb. 22. 2. 1840, gest. 13. 8. 1913. Politiker; 1869 Mitbegründer der deutschen Sozialdemokratie, Reichstagsabgeordneter. Wohnte nach Aufhebung des Sozialistengesetzes (→ 225) in Berlin (erst Großgörschenstr. 22a, dann bis 1910 in der Habsburgerstr. 5 in Schöneberg). Erste große Rede vor Anhängern seiner Partei am 28. 11. 1875 im Saal des »Tivoli« am Kreuzberg (→ 44). **D 6**

107 *Bersarin, Nikolai Erastowitsch*, geb. 1904, tödlich verunglückt in Berlin am 16. 10. 1945. Generaloberst der Sowjetarmee. Erster sowjetischer Stadtkommandant von Berlin (→ 267). Im Neuen Stadthaus (→ 82) führte Bersarin am 19. 5. 1945 den ersten Nachkriegsmagistrat unter dem parteilosen Ingenieur Arthur Werner in sein Amt ein. **E 11**

108 *Bismarck, Otto von*, geb. 1. 4. 1815, gest. 30. 7. 1898. Deutscher Politiker. Als Gymnasiast 1821–1832 in Berlin, die letzten beiden Jahre davon im renommierten Grauen Kloster (→ 85). Ab 1862 Ministerpräsident Preußens, 1871–1890 Reichskanzler. Ließ sich als Amtssitz die Reichskanzlei (→ 8a) in der Wilhelmstraße (→ 8) ausbauen. **E 7**

109 *Bonhoeffer, Dietrich*, geb. 4. 2. 1906, ermordet 9. 4. 1945 im faschistischen KZ Flossenbürg. Evangelischer Theologe, Privatdozent, Studentenpfarrer. 1932 Pfarrer an der Zionskirche. Im September 1933 Mitbegründer des antifaschistischen Pfarrernotbundes. Ab 1935 Direktor eines Predigerseminars der Bekennenden Kirche. 1943 von der Gestapo

verhaftet; nach Scheitern des Attentats auf Hitler (→147) am 20. Juli 1944 (→266) wird seine Verbindung mit dem Kreisauer Kreis der Verschwörer aufgedeckt; daraufhin Einlieferung ins KZ. **F 7**

110 *Borsig, Johann Friedrich August*, geb. 13. 6. 1804, gest. 6. 7. 1854. Maurer, Maschinenbauer, Industrieller. Gründete 1837 in einem Bretterschuppen vor dem Oranienburger Tor (→15) eine schnell expandierende Maschinenbauanstalt, die ab 1841 Lokomotiven herstellte. **F 7**

111 *Brandt, Willy*, (eigentlich Frahm, Herbert), geb. 18. 12. 1913. Deutscher Politiker, Sozialdemokrat seit 1930; ab 1933 Emigration nach Norwegen und Schweden, 1936 als Illegaler in der faschistischen Reichshauptstadt Berlin (Pension Hamel, Kurfürstendamm/Ecke Joachimsthaler Straße), 1947 Rückkehr nach Berlin als Presseattaché der norwegischen Militärmission beim Alliierten Kontrollrat (→271). Ab 1948 Vertreter des SPD-Vorstandes in Berlin, als Berliner Abgeordneter 1949 in den ersten deutschen Bundestag gewählt, ab 1950 Berliner Stadtverordneter. Wird am 3. 10. 1957 im Rathaus Schöneberg (→46) zum Regierenden Bürgermeister gewählt (bis 1966). Der Mauerbau überraschte den Kanzlerkandidaten Brandt auf der Wahlkampfreise durch die Bundesrepublik. Spontane Reaktion: »Die Mauer muß weg!« Er kann aber die westlichen Alliierten nicht zu konkreten Gegenmaßnahmen bewegen.
1964–1987 Vorsitzender der SPD, ab 1966 Bundesaußenminister und Vizekanzler, 1969–1974 Bundeskanzler. 1970 spektakuläre Treffen mit DDR-Premier Willy Stoph in Erfurt und Kassel. 1971 für die von ihm auf seiten der Bundesrepublik maßgeblich konzipierte und betriebene Entspannungspolitik zwischen West und Ost mit dem Friedensnobelpreis geehrt. Seit 1976 Präsident der Sozialistischen Internationale. **D 5**

112 *Braun, Wernher von*, geb. 23. 3. 1912, gest. 15. 6. 1977. Techniker, führender Raketen- und Raumfahrtspezialist erst in Deutschland, nach dem Krieg in den USA.
Er begann seine eigentliche Karriere Anfang der 30er Jahre im »Verein für Raketentechnik« auf dem Flugfeld Berlin-Tegel (→64), zunächst unter Leitung der Ingenieure R. Neben und K. Riedel. Nach Verlegung der Raketenentwicklung nach Peenemünde war v. Braun maßgeblich an der Entwicklung der deutschen Terrorwaffen V1 und V2 beteiligt. **G 3**

113 *Brecht, Bertolt*, geb. 10. 2. 1898, gest. 14. 8. 1956. Gilt als einer der bedeutendsten (manche sagen auch: als der bedeutendste) deutsche Dramatiker des 20. Jahrhunderts. Kam 1924 als Theaterdramaturg nach Berlin; umstrittene, aber auch erfolgreiche Premieren seiner unorthodoxen Stücke unter anderem am Deutschen Theater (→16) und am Theater am Schiffbauerdamm (→17). Mußte wegen seines politischen Engagements 1933 emigrieren. Nach Rückkehr aus den USA in Berlin mit dem von ihm gegründeten Berliner Ensemble künstlerischer Durchbruch auch zu internationaler Anerkennung der Theorie und Praxis seines »epischen Theaters«. Wichtigste Berliner Wohnadresse ist das Haus, in dem er starb: Chausseestraße 125, heute als Museum eingerichtet. **F 7**

114 *Breitscheid, Rudolf*, geb. 2. 11. 1874, ermordet 24. 8. 1944 im KZ Buchenwald. Sozialdemokratischer Politiker, Ökonom und Journalist. 1904 Abgeordneter der Berliner Stadtverordnetenversammlung, 1920–1933 Reichstagsabgeordneter, ab 1928 einer der drei SPD-Fraktionsvorsitzenden. Im März 1933 emigriert; nach der Kapitulation Frankreichs 1941 in Marseille verhaftet und an die Gestapo ausgeliefert. Bei einem Bombenangriff auf das KZ Buchenwald verletzt, wurde er von der SS-Lagerwache erschossen. Nach ihm ist der Platz vor der Gedächtniskirche (→53) benannt. E 5

115 *Brugsch, Theodor,* geb. 11. 10. 1878, gest. 11. 7. 1963. Internist. Ordinarius und Direktor der Universitätskliniken Halle und Berlin, Charité (→39); international anerkannter Spezialist für Stoffwechsel-, Herz- und Gefäßkrankheiten. War in Berlin ab 1885 Schüler des Cöllnischen Gymnasiums in der Wallstraße 45; nach dem zweiten Weltkrieg als engagiertes Kulturbund-Mitglied Vorsitzender des Clubs der Kulturschaffenden in der Otto-Nuschke-Straße. **F 6**

116 *Clay, Lucius D.,* geb. 23. 4. 1897, gest. 17. 4. 1978. General der US-Army, 1945–1947 stellvertretender Militärgouverneur, 1947–1949 Chef der US-Militärregierung der amerikanischen Besatzungszone. Gilt als Organisator der legendären Luftbrücke (→274) während der sowjetischen Blockade Westberlins 1948/49. Übergab 1950 die »Freiheitsglocke« (→278) als Geschenk der USA an die Westberliner. Direkt nach dem Bau der Mauer (→285) war der Deutschlandspezialist erneut für einige Monate als Sonderbeauftragter des US-Präsidenten John F. Kennedy (→155) in Berlin. C 5

117 *Döblin, Alfred,* geb. 10. 8. 1878, gest. 28. 6. 1957. Arzt und Schriftsteller, Berlinkenner und Gesellschaftskritiker; hatte seinen größten Erfolg mit dem 1929 erschienenen Buch »Berlin – Alexanderplatz«, dessen Held Franz Biberkopf in den heute noch anzutreffenden Mietskasernen nördlich des Alexanderplatzes (→75) um das bißchen Glück kämpft und immer verliert. **F 8**

118 *Dönitz, Karl,* geb. 16. 9. 1891, gest. 24. 12. 1980. Als Großadmiral ab 30. 1. 1943 Oberbefehlshaber der faschistischen Kriegsmarine; von Hitler (→147) testamentarisch zu dessen Nachfolger bestimmt, wurde Dönitz noch am 2. 5. 1945 Chef einer kurzfristigen »Reichsregierung«. Am 23. 5. 1945 verhaftet, am 10. 10. 1946 in Nürnberg als einer der Hauptkriegsverbrecher zu zehn Jahren Haft verurteilt, die er im Spandauer Kriegsverbrechergefängnis (→61) absaß. **F 1**

119 *Dulles, John F.,* geb. 25. 2. 1888, gest. 24. 5. 1959. US-Politiker. Betrieb als Außenminister der USA 1953–1959 insbesondere im Poker mit der Sowjetunion um Berlin und andere Krisenherde des kalten Krieges nach eigenen Aussagen »eine Politik am Abgrund des Krieges«. War mehrmals in Berlin, unter anderem zur erfolglosen Außenministerkonferenz der vier Alliierten 25. 1.–18. 2. 1954. Die frühere Zeltenallee trägt heute seinen Namen. **D 6**

120 *Dutschke, Rudi,* geb. 7. 3. 1940, gest. 1979. Ende der 60er Jahre als führender Theoretiker des Sozialistischen Deutschen Studentenbundes einer der Initiatoren der vor allem von Westberlin ausgehenden Studentenrevolten. War einer der Organisatoren des Internationalen Studentenkongresses gegen den Vietnamkrieg im Februar 1968 an der Technischen Universität (→57); am 11. 4. 1968 bei einem Attentat (→293) lebensgefährlich verletzt. Stirbt an den Spätfolgen der Schußverletzung. E 5

121 *Ebert, Friedrich,* geb. 4. 2. 1871, gest. 28. 2. 1925. Sozialdemokratischer Politiker. Ab 1912 Reichstagsabgeordneter der SPD, ab 1913 Parteivorsitzender; einer der Führer des rechtsnationalen Flügels der SPD. Während der Novemberrevolution (→243, 244) maßgeblich an der militärischen

Niederwerfung der Aufständischen durch Reichswehrverbände in Berlin beteiligt; 1918/19 Mitglied der revolutionären Regierung »Rat der Volksbeauftragten«; 1919–1925 Reichspräsident mit Amtssitz im Reichskanzlerpalais (→8a). Sein Sohn Friedrich wird nach dem Krieg Ostberlins Oberbürgermeister. **E 7**

122 *Eichmann, Adolf,* geb. 27. 12. 1908, hingerichtet 15. 12. 1961 in Israel. War nach einer Beamtenkarriere ab 1939 Leiter des Referats IV B 4 für »Judenangelegenheiten«, zu der Zeit SS-Obersturmbannführer im Reichssicherheitshauptamt Prinz-Albrecht-Straße (→10); kurz darauf mit seiner Behörde Umzug in ein größeres Haus in der Kurfürstenstraße 116 (Tiergarten). Im Januar 1942 protokolliert Eichmann die berüchtigte Wannsee-Konferenz (→262), auf der die Pläne für die völlige Vernichtung der Juden beschlossen werden. Eichmann kann bei Kriegsende untertauchen, wird in Südamerika von israelischen Agenten gefunden, entführt und zum Tode verurteilt. **E 7**

123 *Einstein, Albert,* geb. 14. 3. 1879, gest. 18. 4. 1955. Physiker. Mit grundlegenden Erkenntnissen zur Quantenmechanik, vor allem aber mit seinen Arbeiten zur speziellen (1905) und zur allgemeinen Relativitätstheorie (1915) einer der herausragenden Begründer der modernen Physik. Kam 1914 nach Berlin, da er Ordentliches Mitglied der preußischen Akademie der Wissenschaften und Direktor des physikalischen Instituts der Kaiser-Wilhelm-Gesellschaft wurde; ab 1915 Vorlesungen an der Universität (→5g); 1922 Nobelpreis für Physik. Von Anbeginn auch politisch aktiv; noch am 30. 1. 1933 gibt Einstein ein Benefizkonzert in der Neuen Synagoge (→34). Auch seine Schriften werden von fanatischen nationalsozialistischen Studenten auf dem Bebelplatz verbrannt (→256); im Exil in den USA engagiert gegen Hitler-Deutschland, nach dem Krieg in der Weltfriedensbewegung zur Ächtung der Atombombe. **E 7**

124 *Eisenhower, Dwight D.,* geb. 14. 10. 1890, gest. 28. 3. 1969. US-General und Politiker (Republikaner); ab Juni 1942 Befehlshaber der US-Streitkräfte für Europa. In seinem Hauptquartier in Reims bot Generaloberst A. Jodl am 7. 5. 1945 die Kapitulation der deutschen Wehrmacht an. Der Kapitulationsakt wird in der Nacht zum 9. Mai 1945 bei den sowjetischen Alliierten in Berlin-Karlshorst durch Generalfeldmarschall Keitel wiederholt (→270). 1953–1961 Präsident der USA. **D 12**

125 *Eisler, Hanns,* geb. 6. 7. 1898, gest. 6. 9. 1962. Komponist. Entstammt einer berühmten kommunistischen Familie (sein Bruder Gerhart war Journalist der »Roten Fahne«); Mitglied der KPD, später der SED. Seine Schwester Ruth Fischer war 1924/25 eine der stellvertretenden Vorsitzenden der KPD – sie hat in der gemeinsamen Emigration in den USA die beiden Brüder beim Komitee für »unamerikanisches Verhalten« wegen »kommunistischer Untergrund-Arbeit« denunziert.
Als junger Musiker war Eisler Schüler A. Schönbergs; kreierte den neuen Stil des »revolutionären Massenliedes«, komponierte neben Theatersongs für seinen Freund Brecht (→113) auch die Nationalhymne der DDR. Lebte nach der Rückkehr aus dem Exil in Berlin. Sein Grab befindet sich auf dem Dorotheenstädtischen Friedhof (→14). **F 7**

126 *Engels, Friedrich,* geb. 28. 11. 1820, gest. 5. 8. 1895. Kaufmann, Philosoph und Industrieller; gemeinsam mit Karl Marx (→171) Mitte des 19. Jahrhunderts Begründer einer neuen Weltanschauung, die den Sozialismus als gesellschaftliches Ideal theoretisch herleitet. Diente vom Sep-

tember 1841 bis Herbst 1842 als Bombardier im Garde-Fuß-Artillerieregiment (später Friedrich-Engels-Kaserne am Kupfergraben). Wohnte während seiner Militärzeit als Einjährig-Freiwilliger in der Dorotheenstraße/Ecke Friedrichstraße (Gedenktafel am Haus). Im Café »Stehely« am Gendarmenmarkt war er als Gasthörer der Friedrich-Wilhelms-Universität Berlin (→ 5g) Mitglied des dort tagenden, in den 30er und 40er Jahren progressiven »Doktorclubs«. 1893 urteilt Engels über Berlin: »... von außen wirklich schön, selbst in den Arbeitervierteln Palastfronten. Was aber dahinter steckt, davon schweigt man am besten.« E 7

127 *Fichte, Johann Gottlieb*, geb. 19. 5. 1762, gest. 21. 1. 1814. Philosoph. 1811/12 erster vom Senat gewählter Rektor der Friedrich-Wilhelms-Universität (→ 5g). Wohnte in der Friedrichstraße 139 (→ 13a) in einem Haus, das 1878 dem Bau der S-Bahn zum Opfer fiel. Ebenfalls auf dem Dorotheenstädtischen Friedhof (→ 14) begraben. E 7

128 *Fontane, Theodor*, geb. 30. 12. 1819, gest. 20. 9. 1898. Als Berliner Dichter und Schriftsteller einer der herausragendsten Vertreter des kritischen Realismus im 19. Jahrhundert. Ab 1833 Apothekerlehre in Berlin in der Apotheke »Zum weißen Schwan« in der Spandauer Straße. 1860–1870 Redakteur der Kreuzzeitung, danach bis zu seinem Tode Theaterkritiker der »Vossischen Zeitung«. Nach Reportageband »Wanderungen durch die Mark Brandenburg« mit 60 Jahren erste Romanveröffentlichung: »Grete Minde«. Dem folgten »Irrungen und Wirrungen« (1888), »Stine« (1890) und andere. E 7

129 *Freisler, Roland*, geb. 1893, umgekommen bei einem Bombenangriff, wahrscheinlich am 3. 2. 1945. Richter. Galt als besonders fanatisch und hitlertreu; wurde von Hitler (→ 147) 1934 in den durch Sondergesetz geschaffenen Volksgerichtshof (in der Bellevuestraße 15; → 9) berufen, ab August 1942 als dessen Präsident. Mitschuldig und mitverantwortlich an mehr als 5600 von diesem Gericht in zumeist politischen Prozessen gefällten und vollstreckten Todesurteilen. Leitete persönlich am 7. und 8. August 1944 den Prozeß gegen die Männer des 20. Juli (→ 266). E 6

130 *Friedrich I.*, erster König von Preußen; geb. 1657, gest. 1713. Zunächst ab 1688 Kurfürst Friedrich III. von Brandenburg; 1701–1713 als König Friedrich. E 7

131 *Friedrich II.*, König von Preußen; geb. 24. 1. 1712, gest. 17. 8. 1786. Gilt als der begabteste und gebildetste der Hohenzollern; genannt »Friedrich der Große«. Regierte als König 1740–1786; versuchte als Kronprinz, dem despotischen Vater zu entwischen, was im Köpenicker Schloß (→ 98e) zum Prozeß führte (Todesurteil für Katte). Führte die Militarisierung Preußens weiter, aber auch politische, juristische und ökonomische Reformen. Eroberte 1740–1745 den vorher österreichischen Teil Schlesiens. Überfiel 1756 Sachsen, aber der sich daraus entwickelnde siebenjährige Krieg aller wichtigen europäischen Mächte bringt keinem Vorteile beim Friedensschluß 1763; annektierte 1772 Westpreußen. In seiner Regierungszeit entstehen dennoch in Berlin und Potsdam (Schloß Sanssouci) wichtige Bauten. E 7

132 *Friedrich Wilhelm, Kurfürst von Brandenburg*, geb. 16. 2. 1620, gest. 9. 5. 1688. Genannt »der Große Kurfürst«. Gilt als der eigentliche Begründer des brandenburgisch-preußischen Staates, der versuchte, die Hinterlassenschaft am Ende des 30jährigen Krieges neu zu beleben; holte sich niederländische Fachleute und Hugenotten ins Land (→ 209). E 7

133 *Friedrich Wilhelm I.*, König von Preußen; geb. 14. 8. 1688, gest. 31. 5. 1740. Regierte 1713–1740. Gab am Ende für das an der Zahl der Einwohner des Landes gemessen größte stehende Heer Europas (76000 Mann) 85 Prozent der Staatseinnahmen aus. **E 7**

Friedrich Wilhelm II., König von Preußen; geb. 25. 9. 1744, gest. 16. 11. 1797. Folgte Friedrich II. als dessen Neffe 1786 auf den Thron, auf dem er glücklos blieb bis 1797. **E 7**

Friedrich Wilhelm III., König von Preußen; geb. 3. 8. 1770, gest. 7. 6. 1840. Regierte von 1797–1840. Schuf erst nach der Niederlage durch die Franzosen 1806 durch die innenpolitischen Reformen des Freiherrn vom Stein die Voraussetzungen für den Erfolg in den Befreiungskriegen 1813–1815. **E 7**

Friedrich Wilhelm IV., König von Preußen; geb. 15. 10. 1795, gest. 2. 1. 1861. Regierte 1840–1858. Die Märzkämpfe 1848 (→221) waren Ausdruck der Unfähigkeit und Unwilligkeit des Königs und seiner Berater, den Forderungen nach politischer und wirtschaftlicher Liberalisierung entgegenzukommen; mußte auf Grund einer schweren Erkrankung dem »Kartätschenprinzen« und späteren Kaiser Wilhelm (→195) 1858 den Thron überlassen. **E 7**

134 *Glaßbrenner, Adolf*, geb. 27. 3. 1810, gest. 25. 9. 1876. Berliner Humorist und Satiriker, Schriftsteller und Journalist. Mit 14 Jahren Lehrling einer Seidenhandlung Breite Straße/Ecke Mühlendamm. Hörte als Gasthörer an der Universität (→5g) unter anderem Vorlesungen von Hegel (→143). Porträtierte in seiner Heftreihe »Berlin, wie es ist – und trinkt« (32 Ausgaben von 1832–1850) typische Berliner Volksgestalten wie den Eckensteher Nante. Wegen politischer Betätigung als bürgerlicher Demokrat und Kritiker der Königlichen Behörden 1841 aus Berlin vertrieben; auch nach der Rückkehr (1858) Verbot politischer Aktivitäten. Begraben auf dem Friedhof der Jerusalem-Gemeinde Kreuzberg (in der Nähe des Grabs von E. T. A. Hoffmann; →148). **E 7**

135 *Goebbels, Joseph*, geb. 29. 10. 1897, Selbstmord am 1. 5. 1945. Faschistischer Politiker, als Minister für »Volksaufklärung und Propaganda« unübertroffener Demagoge; verantwortlich für die Manipulierung des deutschen Volkes durch die Medien (Rundfunk, Film, Presse) des Nazireichs; Gauleiter von Berlin. Mehrfach große Redeauftritte im Berliner Sportpalast (→49). Rief am 1. 4. 1933 im Lustgarten zum Boykott aller jüdischen Geschäftsleute, Ärzte, Anwälte usw. auf; Initiator der barbarischen Bücherverbrennung (→256) auf dem Opernplatz (heute Bebelplatz; →5). Sein Amtssitz befand sich in der Wilhelmstraße (→8d); Berliner Privatadresse: Inselstraße 10–14 auf der Wannsee-Insel Schwanenwerder. Die Goebbels-Villa wurde nach dem Krieg gesprengt. Heute befindet sich auf diesem Grundstück das Aspen-Institut. **E 7**

136 *Goerdeler, Carl Friedrich*, geb. 31. 7. 1884, hingerichtet 2. 2. 1945. Kommunalpolitiker. 1913/14 stellvertretender Oberbürgermeister von Solingen, ab 1920 2. Bürgermeister von Königsberg, ab 1930 Oberbürgermeister von Leipzig. Zunächst von rechtskonservativen und nationalistischen Positionen aus für die Nazi-Herrschaft, schon Ende der 30er Jahre Kritiker des zunehmend aggressiven Regimes. Ab 1943 Kontakte zu den Verschwörern des 20. Juli 1944 (→266). Nach Scheitern des Attentats auf Hitler (→147) festgenommen und mit 88 anderen in der Haftanstalt Plötzensee (→59) hingerichtet. **G 5**

137 *Göring, Hermann*, geb. 12. 1. 1893, Selbstmord 19. 10. 1946. Einer der führenden Nazi-Verbrecher; im ersten Weltkrieg Flieger, Kommandeur des Jagdgeschwaders »Richthofen«. Seit 1922 NSDAP-Mitglied; erster Führer der SA. Ab 1933 preußischer Ministerpräsident und Innenminister, Reichsluftfahrtminister und Reichstagspräsident. Formierte aus der Politischen Polizei die Gestapo (→10). Ab 1936 Amtssitz im Reichsluftfahrtministerium (→8c) an der Leipziger Straße (→21). Als Luftwaffenoberbefehlshaber für zahllose Terrorangriffe auf die Zivilbevölkerung direkt verantwortlich; wird von Hitler im April 1945 aller Ämter und Orden enthoben, als er separate Verhandlungen mit den Westalliierten versucht. Wird vom internationalen Tribunal in Nürnberg 1946 zum Tod durch den Strang verurteilt; begeht am Tag vor der Hinrichtung Selbstmord in seiner Zelle. **E 7**

138 *Grimm, Jacob*, geb. 4. 1. 1785, gest. 20. 9. 1863. Sprachwissenschaftler und Jurist, einer der Begründer der Germanistik. Gemeinsam mit seinem Bruder Wilhelm (→139) Beginn der systematischen Erforschung deutscher Sagen und Märchen. 1840 Berufung an die Berliner Universität (→5g). Lebte ab 1847 in der Linkstraße 7. **E 6**

139 *Grimm, Wilhelm*, geb. 24. 2. 1786, gest. 16. 12. 1859. Sprachwissenschaftler; Hauptsammler der gemeinsam mit seinem Bruder (→138) erforschten deutschen Hausmärchen und Volkssagen; Mitherausgeber des Deutschen Wörterbuchs. Arbeitete nicht nur, sondern lebte auch gemeinsam mit der Familie des Bruders; die Brüder sind nebeneinander begraben auf dem Matthäus-Friedhof, Großgörschenstraße 12–14. **E 6**

140 *Grotewohl, Otto*, geb. 11. 3. 1894, gest. 21. 9. 1964. Politiker. Ab 1910 Vorsitzender der von ihm mitbegründeten Sozialistischen Arbeiterjugend. Ab 1912 Mitglied der SPD. Aktiver Teilnehmer der Novemberrevolution (→243); in den 20er Jahren Minister der Landesregierung in Braunschweig, ab 1925 Reichstagsabgeordneter. 1938 wegen antifaschistischer Aktivitäten festgenommen, verurteilt zu sieben Monaten Haft. Am 17. 6. 1946 in Berlin zum Vorsitzenden des Zentralausschusses der SPD gewählt; Befürworter des Zusammenschlusses mit der KPD: Sein Händedruck mit dem KPD-Vorsitzenden Wilhelm Pieck (→179) auf dem Vereinigungsparteitag am 21./22. 4. 1946 im Berliner Admiralspalast (→13a) wurde Symbol der SED. Erster stellvertretender Vorsitzender der SED, leitete die Erarbeitung der ersten Verfassung der DDR, wurde bei deren Gründung am 7. 10. 1949 (→277) der erste Ministerpräsident der DDR. Wohnte ab 1950 in Pankow, Majakowskiring 46. Begraben auf dem Friedhof der Sozialisten Friedrichsfelde (→94). **E 11**

141 *Gropius, Martin*, geb. 11. 8. 1825, gest. 13. 12. 1880. Architekt. Schüler von Carl Friedrich Schinkel (→185). Baute 1865 das Innere der Singakademie (heute Maxim-Gorki-Theater) hinter der Neuen Wache (→5f) um. 1877–1881 Bau des Kunstgewerbemuseums (→11), seines wichtigsten (viele meinen auch: besten) Werks. Sein Großneffe Walter Gropius wird später einer der berühmtesten Bauhaus-Architekten. **E 7**

142 *Hahn, Otto*, geb. 8. 3. 1879, gest. 28. 7. 1968. Chemiker; 1910–1934 Professor an der Berliner Universität (→5g). Ab 1912 Forschung am Kaiser-Wilhelm-Institut für Chemie in Dahlem (→69), das er von 1928–1945 leitete. Entdeckte dort 1938 gemeinsam mit Fritz Straßmann die Spaltung des Urankerns (→260); 1945 Nobelpreis für Chemie. **A 3**

143 *Hegel, Georg Wilhelm Friedrich,* geb. 27. 8. 1770, gest. 14. 11. 1831. Gilt neben Immanuel Kant und Karl Marx (→171) als einer der bedeutendsten und einflußreichsten deutschen Philosophen. Studium in Tübingen; dort mit Schelling und Hölderlin befreundet. 1816 Professur in Heidelberg; 1817 vom preußischen Kulturminister als Nachfolger des verstorbenen Johann Gottlieb Fichte (→127) an die Berliner Universität (→5g) geholt. Führender Vertreter des klassischen deutschen Idealismus in der Philosophie. Wohnte Am Kupfergraben 5 (Hegelhaus; 1980–1983 rekonstruiert). Sein Grab befindet sich neben dem Fichtes auf dem Dorotheenstädtischen Friedhof (→14). **E 7**

144 *Heine, Heinrich,* geb. 13. 12. 1797, gest. 17. 2. 1856. Dichter, Essayist, Publizist; studierte an der Berliner Universität (→5g), nachdem er wegen eines Duells von der Universität in Göttingen ausgeschlossen wurde; wohnte in der Behrenstraße 12. Hörte nicht nur Rechtsphilosophie, sondern auch Hegels (→143) Vorlesungen; fand Anschluß im prominenten Intellektuellen-Salon der Rahel Varnhagen. Seine ersten Gedichte erschienen 1821 in der Mauerischen Buchhandlung Berlin. Sein Berlin-Bild: »Berlin ist gar keine Stadt, sondern Berlin gibt bloß den Ort dazu her, wo sich eine Menge Menschen – und zwar viele Menschen von Geist – versammeln, denen der Ort ganz gleichgültig ist ...« **E 7**

145 *Heß, Rudolf,* geb. 26. 4. 1894, gest. 17. 8. 1987 als letzter Häftling des Alliierten Kriegsverbrechergefängnisses in Spandau (→61). Ab 1920 NSDAP-Mitglied, einer der engsten Vertrauten, ab 1925 Privatsekretär, ab 1933 Stellvertreter Hitlers (→147). Organisator der »Fünften Kolonnen«, mit denen die Nazis den Einmarsch zum Beispiel in Österreich, der Tschechoslowakei und Polen vorbereiteten. Fliegt am 10. 5. 1941 nach Schottland, um einen Separatfrieden mit Großbritannien anzubieten; wird, als das Unternehmen scheitert, für geistesgestört erklärt und aller NS-Posten enthoben. 1946 in Nürnberg als einer der Hauptkriegsverbrecher zu lebenslanger Haft verurteilt, ab 1947 in Spandau inhaftiert. Seit 1966 dort einziger Häftling. Spekulationen, ob sein Tod in der Zelle kein Selbstmord war, wurden nie ganz geklärt. **F 1**

146 *Hindenburg, Paul von Beneckendorff und von,* geb. 2. 10. 1847, gest. 2. 8. 1934. Generalfeldmarschall, Reichspräsident 1925–1934; als Gardeoffizier Teilnahme am preußisch-österreichischen Krieg 1866 und am Deutsch-Französischen Krieg 1870/71. Im ersten Weltkrieg an der Ostfront Beginn des (vor allem propagandistischen) Aufstiegs zum »Nationalhelden«; Generalstabschef des Feldheeres. Miturheber der »Dolchstoßlegende«, nach der das kaiserliche Heer »im Felde unbesiegt« durch die Novemberrevolution (→243) den Weltkrieg dann doch verloren habe. Ernannte Hitler (→147), der nicht Abgeordneter des Deutschen Reichstags war, am 30. 1. 1933 zum Reichskanzler; unterzeichnete nach dem Reichstagsbrand (→255) Hitlers »Notverordnung zum Schutze von Volk und Staat«, mit der die willkürliche Verhaftung tatsächlicher und potentieller Nazi-Gegner legitimiert wurde. Sein Amts- und Wohnsitz war ab 1925 das Reichspräsidentenpalais Wilhelmstraße 73 (→8). **E 7**

147 *Hitler, Adolf,* geb. 20. 4. 1889, Selbstmord am 30. 4. 1945. Führer der deutschen Faschisten ab 1921, Reichskanzler ab 1933, Hauptschuldiger an den Opfern des zweiten Weltkrieges. Als Antikommunist und Antisemit ab 1919 Mitglied der Deutschen Arbeiterpartei, ab 1921 stand die NSDAP unter seiner Führung. Nach gescheitertem Putsch in München (8./9. 11. 1923) verhaftet; zu fünf Jahren Festungshaft verurteilt.

Soll in der Haft »Mein Kampf« geschrieben haben. 1933 deutscher Reichskanzler; nimmt von einem Balkon des Hotels »Adlon« aus (seinem damaligen Wohnsitz) den Fackelzug seiner SA-Stürme ab (→254). Nach dem Tod Hindenburgs (→146) auch Staatsoberhaupt (»Führer«). Ab 4. 2. 1938 auch Oberbefehlshaber der Wehrmacht. Läßt sich 1938 die Neue Reichskanzlei (→8a) in der Voßstraße bauen. Nach dem Scheitern mehrerer Attentate auf ihn – unter anderem wollte sich am 21. 3. 1943 im Zeughaus (→5e) Oberst von Gersdorf mit seinem Todfeind beim Besuch einer Ausstellung erbeuteter russischer Waffen gemeinsam in die Luft sprengen – nimmt sich Hitler im Führerbunker (→8b) hinter der Reichskanzlei das Leben. E 7

148 *Hoffmann, E. T. A.*, geb. 24. 1. 1776, gest. 25. 6. 1822. Jurist, Schriftsteller, Musiker, Maler. 1798 Referendar, 1816 Kammergerichtsrat am Alten Kammergericht (→43). Wohnte von 1815 bis zu seinem Tod im Vorgängerbau des jetzigen Hauses Charlottenstraße 5–6. Im Kreis der »Serapionsbrüder« im Weinlokal Lutter & Wegener war er die führende literarische Persönlichkeit und einer der gewaltigsten Trinker. Sein Grab findet sich auf dem Friedhof am Halleschen Tor, Mehringdamm 21. E 7

149 *Honecker, Erich*, geb. 25. 8. 1912. Führender SED-Politiker; Generalsekretär des ZK der SED und Staatsratsvorsitzender bis zu seiner völligen Entmachtung nach Beginn der massenhaften Bürgerdemonstrationen im Oktober 1989. Von Beruf Dachdecker, 1926 Mitglied des Kommunistischen Jugendverbandes, ab 1929 in der KPD, Jugendfunktionär im Saarland, dann illegal im Ruhrgebiet und in Berlin; im Dezember 1935 in seiner Wohnung Brüsseler Str. 26 verhaftet und zu zehn Jahren Zuchthaus verurteilt. Nach dem Krieg Mitorganisator der Antifa-Jugend in Berlin und der sowjetischen Besatzungszone, Mitbegründer der FDJ und deren Vorsitzender 1946–1955. Volkskammerabgeordneter von 1949 bis zu seinem Sturz 1989. Ab 1958 führende Funktionen im Politbüro des ZK der SED, dem eigentlichen Machtzentrum der SED; Organisator des Baus der Berliner Mauer (→285). 1971 Nachfolger von Walter Ulbricht an der SED-Spitze, ab 1973 auch als Staatsratsvorsitzender der DDR und Vorsitzender des Nationalen Verteidigungsrates. Hauptverantwortlich für die ökonomische, politische und moralische Krise in der DDR; gegen ihn wird 1990 wegen Amts- und Machtmißbrauch, Veruntreuung und anderer Delikte ermittelt. Ehemaliger Amtssitz am Marx-Engels-Platz (→27); Wohnsitz bis Herbst 1989 in der abgeschirmten Waldsiedlung Wandlitz nordöstlich von Berlin. E 7

150 *Honecker, Margot*, geb. 17. 4. 1927. 1949–1953 Sekretär des Zentralrates der FDJ und Vorsitzende der Pionierorganisation. Nach Polit-Schule in Moskau ab 1954 im DDR-Ministerium für Volksbildung, ab 1963 als Minister für Volksbildung (Ministerium Unter den Linden; →4). Verlor mit dem Sturz der SED-Führung alle Titel und Ämter. E 7

151 *Humboldt, Alexander von*, geb. 14. 9. 1769, gest. 6. 5. 1859. Naturwissenschaftler und Geograph. 1790 Reisebegleiter Georg Forsters; 1799–1804 Forschungsreise durch Süd- und Mittelamerika, bringt aus Mexiko die erste Dahlienknolle nach Deutschland; 1807–1827 in diplomatischer Mission in Paris; 1829 große Forschungsreise durch Sibirien. Sein Denkmal steht vor der nach ihm und seinem Bruder (→152) benannten Berliner Universität (→5g). Wohnte ab 1842 Oranienburger Straße 65 (das Originalhaus ist 1895 abgerissen worden); sein Grab befindet sich im Park des Familienschlosses Tegel (→63). F 7

152 *Humboldt, Wilhelm von,* geb. 22. 6. 1767, gest. 8. 4. 1835. Staats-, Kunst- und Sprachwissenschaftler. Nach Jura-Studium im Diplomatischen Dienst; unter anderem Botschafter Preußens beim Vatikan; ab 1809 Ressortleiter Kultur und Unterricht im preußischen Innenministerium. 1810 einer der Gründer der Berliner Universität (→5g). 1819 wegen Kritik an der Politik aus dem Staatsdienst (zuletzt als Minister) entlassen. Wohnte bis 1819 Unter den Linden (→4); soll dort am 24. Dezember 1815 als erster in Berlin einen Weihnachtsbaum mit brennenden Kerzen aufgestellt haben; 1823 Umzug ins Schlößchen Tegel (→63). **F 7**

153 *Jahn, Friedrich Ludwig,* geb. 11. 8. 1778, gest. 15. 10. 1852. Sportlehrer, Begründer der deutschen Turnbewegung (Wahlspruch: »Frisch, fromm, fröhlich, frei!«). Kam 1809 nach Berlin, 1810–1813 Hilfslehrer am renommierten Gymnasium zum Grauen Kloster (→85), führte dort 1811 das Turnen als Unterrichtsfach ein. Zieht mit seinen Schülern ab Sommer 1811 zum Turnplatz in der Hasenheide (→45), dem ersten dieser Art in Deutschland. Nach anfänglich großem Zulauf wachsende politische Schwierigkeiten; im Juli 1819 Verhaftung; sitzt in Spandau im Turm (→60a). Erlebt aber noch, wie 1844 das Turnen in der Hasenheide wieder gestattet wird. Wohnadresse: Wallstraße 21. **E 8**

154 *Joachim II.,* Kurfürst von Brandenburg, geb. 9. 1. 1505, gest. 3. 1. 1551. Leitet mit seinem Übertritt zum evangelischen Glauben 1539 die Reformation der Mark Brandenburg ein; 1. 11. 1539 in Spandau (→60b): erste Abendmahlsfeier. Unter seiner Regentschaft wird der Umbau der mittelalterlichen Burg zur Zitadelle Spandau (→60a) begonnen. **F 1**

155 *Kennedy, John F.,* geb. 29. 5. 1917, erschossen 22. 11. 1963 bei einem Attentat. USA-Politiker (Demokratische Partei). Aktiver Teilnehmer des zweiten Weltkriegs als Kommandant eines Torpedoschnellbootes; 1945 Berichterstatter von der Konferenz der Alliierten in Potsdam. Im Januar 1961 zum bisher jüngsten Präsidenten der USA gewählt; große Popularität durch Sozial- und Wirtschaftsprogramme, aber auch durch neue Akzente in der Außenpolitik, vor allem gegenüber der Sowjetunion. Gibt im Juni 1963 bei seinem Berlin-Besuch (→289) vor dem Rathaus Schöneberg (→46) ein klares Bekenntnis zu Berlin und zu den Schutzfunktionen der westlichen Alliierten ab, was die nach dem Bau der Mauer (→285) verunsicherten Westberliner für ihn einnimmt. Am gleichen Tag verleiht die Freie Universität ihm die Ehrendoktorwürde. **D 5**

156 *Knobelsdorff, Georg Wenzeslaus von,* geb. 17. 2. 1699, gest. 16. 9. 1753. Bedeutender Architekt und Baumeister des friderizianischen Rokoko. Nach Offiziersdienst mit Regierungsantritt des befreundeten Friedrich II. (→131) als Oberintendant der Königlichen Schlösser und Gärten Leiter des preußischen Bauwesens. 1740 Bau des Neuen Flügels im Schloß Charlottenburg (→58), 1741–1743 Bau der Berliner Oper, der heutigen Staatsoper (→5c); das einst geplante »Forum Fridericianum« am heutigen Bebelplatz (→5) kommt nur im Ansatz zustande. Statt dessen entsteht 1745–1747 das Schloß Sanssouci in Potsdam. 1750–1760 wird Am Kupfergraben 7 nach seinen Plänen eines der letzten Rokoko-Häuser Berlins (heute Max-Planck-Haus der Physikalischen Gesellschaft) gebaut. **E 7**

157 *Koch, Robert,* geb. 11. 12. 1843, gest. 27. 5. 1910. Hygieniker, Arzt und einer der bedeutendsten deutschen Bakteriologen. Weist als Kreisarzt von Wollstein (bei Posen/heute Poznán) die Entstehung von Infektionskrank-

heiten durch Erreger nach: 1880 an das Reichsgesundheitsamt (in der heutigen Hermann-Matern-Straße 57) berufen, gelingt ihm 1882 der zweifelsfreie Nachweis von Tuberkelbazillen als Erreger dieser furchtbaren Krankheit, 1883 entdeckt er auch die Erreger der Cholera. Ab 1885 Hygiene-Professor der Berliner Universität (→5g); ab 1891 Forschung in einem eigens für ihn eingerichteten Institut in der Föhrerstraße im Wedding, dort wichtige Resultate in der Seuchenbekämpfung. 1905 Nobelpreis für Medizin. Nach seinem Tod wird seine Urne in einer Ehrenhalle des Instituts Föhrerstraße beigesetzt. **G 5**

158 *Kohlhaase, Hans,* geb. um 1500, hingerichtet 22. 3. 1540 (→207). Krämer und Freischärler, Held der nach ihm betitelten Novelle von Heinrich von Kleist. Wohnte Fischergasse 26/27 (etwa gegenüber dem heutigen Ermeler-Haus; →81), auf der Fischerinsel des alten Cölln; wurde von einem sächsischen Junker beim Pferdehandel und bei der anschließenden Gerichtsverhandlung übervorteilt, daraufhin übt er ab 1534 Selbstjustiz mit einer Bande gleichgesinnter Abenteurer. Als er im Februar 1540 am Teltower Fließ eine Ladung Silberbarren der kurfürstlichen Münze erbeutet, lockt ihn Joachim II. (→154) zu »Verhandlungen« nach Berlin. Am Morgen des 22. März 1540 tagt das Gericht, am Nachmittag wird das Todesurteil gegen ihn und seine Gefährten Nagelschmidt und Meißner vollstreckt. **E 8**

159 *Körner, Theodor,* geb. 23. 9. 1791, gefallen 26. 8. 1813. Wohnte 1811 als Student einige Monate im Haus des Buchhändlers Nicolai (→176) in der Brüderstraße 13. Zog von Berlin aus als Freiwilliger in die Befreiungskriege. 1814 erschienen seine Gedichte »Leier und Schwert«. **E 7**

160 *Langhans, Carl Gotthard,* geb. 15. 12. 1732, gest. 1. 10. 1808. Architekt und Baumeister; einer der frühesten Vertreter des deutschen Klassizismus. Wird 1786 als Mitglied der preußischen Akademie der Künste nach Berlin geholt; 1788 Direktor des Oberhofbauamtes. Baute unter anderem 1788 das Belvedere im Schloßpark Charlottenburg (→58) und vor allem das Brandenburger Tor (→1). **E 6**

161 *Lassalle, Ferdinand,* geb. 11. 4. 1825, gest. 31. 8. 1864. Schriftsteller und Politiker; Gründer des Allgemeinen Deutschen Arbeitervereins, der ersten großen politischen Organisation der Arbeiter in Deutschland; 1863 Präsident des ADAV; wohnte ab 1859 in der Bellevuestr. 13. **E 6**

162 *Lenin, Wladimir I.* (eigentlich Uljanow), geb. 22. 4. 1870, gest. 21. 1. 1924. Russischer Revolutionär; gilt neben Karl Marx (→171) und Friedrich Engels (→126) als bedeutendster Theoretiker des Sozialismus; führender Organisator der russischen Oktoberrevolution 1917; erster Regierungschef von Sowjetrußland. Als Student und Emigrant mindestens acht Mal in Berlin – erstmals Juli bis September 1895; wohnte bei Kurreick, Flensburger Straße 12, Moabit. Tagsüber Studium in der Königlichen Bibliothek (→5d) für das Buch: »Die Entwicklung des Kapitalismus in Rußland«. Soll im August 1895 im Deutschen Theater (→16) eine Vorstellung von Gerhart Hauptmanns »Die Weber« besucht haben. **E 5**

163 *Lessing, Gotthold Ephraim,* geb. 22. 1. 1729, gest. 15. 2. 1781. Schriftsteller und Philosoph der deutschen Aufklärung. Wohnte als Theologiestudent 1748–1751 bei seinem Vetter C. Mylius in der Spandauer Straße 33; war befreundet mit dem Buchhändler und Verleger Christoph Friedrich Nicolai (→176), in dessen Haus später ein Lessing-Museum eingerichtet wurde, bis die Nazis es 1936 auflösten. **E 7**

164 *Liebknecht, Karl,* geb. 13. 8. 1871, ermordet 15. 1. 1919. Rechtsanwalt, Sozialistenführer, Gründer des Spartakusbundes und Mitbegründer der KPD. Seit 1900 Mitglied der SPD, ab 1901 Berliner Stadtverordneter, 1912–1916 Reichstagsabgeordneter. Lehnte am 2. 12. 1914 als einziger Abgeordneter des Deutschen Reichstags die Bewilligung der Kriegskredite ab. Wohnte ab 1907 in einem Zweifamilienhaus in der Prinzenallee 46 f im Wedding; das gemeinsam mit seinem Bruder betriebene Anwaltsbüro befand sich in der Chausseestraße 128 in Berlin-Mitte. Dort wurde am 1. Januar 1916 der Spartakusbund gegründet (das Haus wurde im zweiten Weltkrieg von Bomben zerstört). Am 9. November 1918 rief Liebknecht die Republik aus (→243). Am 15. Januar 1919 wurde er gemeinsam mit Rosa Luxemburg (→168) und Wilhelm Pieck (→179) in der Wohnung von Marcussohn, Mannheimer Straße 48 (heute Nr. 27), verhaftet, ins Eden-Hotel gebracht und in der Nacht am Nordufer des Neuen Sees im Tiergarten erschossen. Unter großer Anteilnahme der Berliner Arbeiterschaft wurde Liebknecht am 25. Januar 1919 auf dem Friedhof in Friedrichsfelde (→94) bestattet. **G 7**

165 *Lortzing, Albert,* geb. 23. 10. 1801, gest. 21. 1. 1851. Komponist und Kapellmeister, Vertreter der heiter-volkstümlichen Spieloper. Am 4. Januar 1839 wurde seine Oper »Zar und Zimmermann« im Königlichen Opernhaus (→5c) uraufgeführt. Er wohnte Schumannstraße 9 und im Jahr vor seinem Tod in der heutigen Hermann-Matern-Straße 53. Sein Grab befindet sich auf dem Sophienfriedhof (→35). **F 7**

166 *Lubbe, Marinus van der,* geb. 13. 6. 1909, hingerichtet 23. 12. 1933. Arbeitsloser Maurer; soll angeblich am 27. Februar 1933 den Deutschen Reichstag (→6) in Brand gesetzt haben (→255); zweifelsfrei wurde nie geklärt, welche Rolle van der Lubbe tatsächlich daran hatte. Im Dezember 1933 wurde er im Reichstagsbrandprozeß zu Leipzig dennoch zum Tode verurteilt. **E 6**

167 *Luise, Königin von Preußen,* geb. 10. 3. 1776, gest. 19. 2. 1810. Heiratete 1793 als Prinzessin von Mecklenburg-Strelitz in Berlin Friedrich III. Lebte im Schloß Charlottenburg (→58); machte sich bei ihren Berliner Untertanen beliebter als fast alle ihre Vorgängerinnen (Leibniz: »Nie hat man eine geistreichere und leutseligere Fürstin gesehen«), so daß sie nach ihrem unerwartet frühen Tod fast kultisch verehrt wurde. Von Karl Friedrich Schinkel (→185) stammt das Mausoleum für das Grab der Königin im Schloßpark. **F 4**

168 *Luxemburg, Rosa,* geb. 5. 3. 1871, ermordet 15. 1. 1919. Herausragende revolutionäre deutsch-polnische Politikerin, führende Vertreterin der deutschen Linken am Anfang unseres Jahrhunderts. Promovierte Staatswissenschaftlerin und Ökonomin, Journalistin und Publizistin. Mehrmals in Haft wegen Antikriegspropaganda, unter anderem 1915/16 im Frauengefängnis Barnimstraße. Erste Berliner Wohnung ab 1898 Cuxhavener Straße 2 (heute etwa Klopstockstraße 23, Hansaviertel), später Cranachstraße 58 in Friedenau, zuletzt Lindenstraße 2, Südende. Wird als Mitbegründerin der KPD am 15. Januar 1919 zusammen mit Karl Liebknecht (→164) und Wilhelm Pieck (→179) verhaftet, in der Nacht noch erschossen und in den Landwehrkanal geworfen. Beigesetzt ist sie auf dem Friedhof in Friedrichsfelde (→94). **E 5**

169 *Mann, Heinrich,* geb. 27. 3. 1871, gest. 12. 3. 1950. Schriftsteller, herausragender kritischer Realist des 20. Jahrhunderts. Studierte in Berlin; hier

erschienen seine bedeutendsten Werke (»Professor Unrat«, 1905; »Der Untertan«, 1918); ab 1930 Präsident der Sektion Dichtkunst der Akademie der Künste; wird von den Nazis aus der Akademie ausgeschlossen und ins Exil gezwungen; im Mai 1933 werden auf dem Opernplatz (→5) auch seine Bücher verbrannt (→256). Nach dem Krieg Rückkehr in die DDR; dort 1950 erster Präsident der Akademie der Künste der DDR. Fand seine letzte Ruhestätte auf dem Dorotheenstädtischen Friedhof (→14). **F 7**

170 *Mann, Thomas*, geb. 6. 6. 1875, gest. 12. 8. 1955. Schriftsteller, einer der bedeutendsten Vertreter des bürgerlichen deutschen Humanismus. Errang Weltruhm 1901 mit dem Gesellschaftsroman »Die Buddenbrooks«; wegen seines Engagements für eine demokratische Republik, gegen irrationalen Nationalismus heftig angegriffen; 1926 von der am Pariser Platz (→2) ansässigen Akademie der Künste in die Sektion Dichtkunst aufgenommen; 1929 Nobelpreis für Literatur. Nach 1933 Exil in Frankreich, der Schweiz und den USA. **E 7**

171 *Marx, Karl*, geb. 5. 5. 1818, gest. 14. 3. 1883. Geistiger Initiator und Vordenker der sozialistischen und kommunistischen revolutionären Strömungen; vor allem als Ökonom (»Das Kapital«, nach jahrzehntelanger Arbeit erscheint der 1. Band 1867) herausragende Analyse der kapitalistischen Produktionsweise; als Philosoph gemeinsam mit seinem Freund Friedrich Engels (→126) Begründer der materialistisch-dialektischen Weltanschauung, auf die sich alle späteren Sozialismus-Theorien und -Utopien berufen. Studierte 1836–1841 an der Berliner Universität (→5g); leidenschaftlicher Jung-Hegelianer; als solcher auch Mitglied des »Doktorclubs« im Café »Stehely« am Gendarmenmarkt (heute »Zur Laube« am Platz der Akademie; →12); verbrachte 1837 den Sommer im damaligen Fischerdorf Stralau an der Spree. Wohnte in Berlin in der Luisenstraße 45 (heute Hermann-Matern-Straße 60). **F 7**

172 *Meitner, Lise*, geb. 7. 11. 1878, gest. 27. 10. 1968. Physikerin, langjährige Mitarbeiterin Otto Hahns (→142), entdeckte gemeinsam mit ihm das Protaktinium. 1906–1912 Forschungsarbeit mit Hahn in der Hessischen Straße 1/2, heute Haus der Sektion Chemie der Humboldt-Universität (→5g). Im Exil lieferte sie nach der Entdeckung der Uranspaltung durch Hahn und Straßmann (→260) den theoretischen Nachweis der experimentiellen Beobachtungen. **F 7**

173 *Mendelssohn, Moses*, geb. 6. 9. 1729, gest. 4. 1. 1786. Philosoph und Schriftsteller. Kommt 14jährig an der Seite seines Lehrers, Oberrabbiner Fränkel, nach Berlin. Wird Hauslehrer und Geschäftsführer eines Handelshauses; befreundet mit den beiden anderen Großen der Aufklärung in Berlin, Lessing (→163) und Nicolai (→176), tritt er für die Emanzipation der deutschen Juden ein. Wohnte 1762–1786 in der Spandauer Straße 33. Seine Grabtafel ist in die Wand des jüdischen Friedhofs in der Großen Hamburger Straße eingelassen. **E 7**

174 *Mendelssohn Bartholdy, Felix*, geb. 3. 2. 1809, gest. 4. 11. 1847. Komponist, führende Musikerpersönlichkeit des Vormärz. Schrieb unter anderem die Musik zu Shakespeares »Sommernachtstraum«, dirigierte 20jährig am 11. März 1829 die zum erstenmal seit Bachs Tod erklingende, von Carl Friedrich Zelter wiederentdeckte Matthäus-Passion in der Singakademie (heute Maxim-Gorki-Theater). Enkel des Moses Mendelssohn (→173); bestattet auf dem Dreifaltigkeitsfriedhof. **E 7**

175 *Napoleon I.* (Bonaparte), Kaiser der Franzosen, geb. 15. 8. 1769, gest. 5. 5. 1821. Nach den Siegen bei Austerlitz über russische und österreichische Truppen im Dezember 1805 und bei Jena und Auerstedt über die Preußen im Oktober 1806 erobert ein französischer Vortrupp kampflos die Festung Spandau (→ 60a). Am 27. Oktober 1806 zieht Napoleon durch das Brandenburger Tor in Berlin ein; er übernachtet in einem Haus in der Spandauer Straße. Als Kriegsbeute entführt er zeitweilig die Siegesgöttin vom Brandenburger Tor (→ 1). **E 7**

176 *Nicolai, Christoph Friedrich,* geb. 18. 3. 1733, gest. 8. 1. 1811. Schriftsteller, Verleger, Buchhändler, Philosoph. Neben Lessing (→ 163) und Mendelssohn (→ 173) einer der drei führenden Vertreter der Aufklärung in der Stadt. 1752 Einstieg ins väterliche Geschäft (königliches Privileg, eine Buchhandlung zu führen); gilt als Initiator des modernen Verlagswesens (Einführung des Sortimente-Katalogs). Erwirbt 1787 das Haus in der Brüderstraße 13 (heute Sitz des Instituts für Denkmalpflege der DDR). Die von Nicolai zusammengetragenen ca. 16 000 Bände waren damals die größte Privatbibliothek der Stadt. **E 7**

177 *Niemöller, Martin,* geb. 14. 1. 1892, gest. 6. 3. 1984. Evangelischer Theologe, führender Vertreter der Bekennenden Kirche, Präsident des Weltkirchenrats. Im ersten Weltkrieg Kommandant eines U-Bootes; im September 1933 als Pfarrer in Dahlem gemeinsam mit Dietrich Bonhoeffer (→ 109) Gründer des Berliner Pfarrernotbundes, der sich zum Beispiel gegen »Arier«-Paragraphen bei der Besetzung geistlicher oder anderer kirchlicher Stellen wehrte: 1934 Initiator der »Barmer Bekenntnissynode«. Deren Glieder waren zugleich Zentren kirchlichen Widerstands gegen das Nazi-Regime: in Dahlem das Pfarrhaus der St.-Annen-Gemeinde Parcelliallee 61, das Gemeindehaus Thielallee 1–3, die St.-Annen-Kirche Parcelliallee/Ecke Königin-Luise-Straße und die Jesus-Christus-Kirche Hittorfstraße/Ecke Faradayweg. Niemöller konstituierte im Oktober 1935 eine eigene Brandenburgische Bekenntnissynode – daraufhin erste Verhaftung; nach der zweiten (1937) zu sieben Monaten Festungshaft verurteilt; im Anschluß daran als »persönlicher Gefangener« Hitlers (→ 147) in die KZ Sachsenhausen und Dachau verschleppt. **B 3**

178 *Ohnesorg, Benno,* geb. 15. 10. 1940, ermordet 2. 6. 1967. Student; erstes Todesopfer der Westberliner Studentenproteste Ende der 60er Jahre. Der Sozialistische Deutsche Studentenbund (SDS) hatte am Tag des Berlin-Besuchs von Schah Reza Pahlevi zu Protestkundgebungen und Demonstrationen vor dem Rathaus Schöneberg (→ 46) beziehungsweise vor der Deutschen Oper in der Bismarckstraße aufgerufen, die der Schah des Iran aufsuchen wollte. Mit hartem Polizeieinsatz wurden die Protestierenden in Nebenstraßen abgedrängt; dabei erschoß einer der Polizisten den Studenten Benno Ohnesorg. In dem Gerichtsverfahren dazu wurde der Polizeibeamte freigesprochen (→ 291). **E 4**

179 *Pieck, Wilhelm,* geb. 3. 1. 1876, gest. 7. 9. 1960. KPD-/SED-Politiker; ab 1949 erster Präsident der DDR. Ab 1906 hauptamtlicher SPD-Funktionär: 1916 Mitbegründer des Spartakusbundes; gehörte am 30. Dezember 1918 zu den 127 Delegierten, die in einem Fraktionsraum des preußischen Landtags (→ 7) zusammenkamen, um die KPD zu gründen. Zusammen mit Karl Liebknecht (→ 164) und Rosa Luxemburg (→ 168) am 15. Januar 1919 verhaftet, gelingt ihm als einzigem die Flucht. Ab 1925 Vorsitzender der Roten Hilfe, ab 1928 Reichstagsabgeordneter der KPD. Antifa-Arbeit vom Exil in Moskau aus; nach der Rückkehr gemeinsam

mit dem Sozialdemokraten Otto Grotewohl Vorsitzender der SED. 1949–1960 gewähltes Staatsoberhaupt der DDR. Fand seine letzte Ruhestätte in der Gedenkstätte Friedrichsfelde (→94). **E 11**

180 *Rathenau, Emil*, geb. 11. 12. 1838, gest. 20. 6. 1915. Gründer der AEG, Ingenieur und Kaufmann. Geht als junger Mann zu Studienzwecken nach England; kauft nach seiner Rückkehr 1867 mit einem Partner die Maschinenfabrik M. Webers in der Chausseestraße (→15). Bringt 1881 von einem Besuch der Pariser Weltausstellung die Idee mit, die Edisonschen Glühlampen-Patente zu vermarkten; 1882 erwirbt er eine Teillizenz dafür. 1883 wird mit schon 5 Millionen Mark Stammkapital der AEG-Vorläufer Deutsche Edison Gesellschaft gegründet (→229) und 1887 gemeinsam mit dem bisherigen Konkurrenten Siemens (→186) in die AEG umgewandelt. 1884 arbeitet sein erstes kleines Elektrizitätswerk – das erste in ganz Deutschland! – und beleuchtet das Café Bauer Unter den Linden/Ecke Friedrichstraße. Binnen weniger Jahre hat Rathenau den größten deutschen Elektrokonzern geschaffen. Erster Fabrikstandort: Wedding (→51). Sein Grab befindet sich auf dem Jüdischen Friedhof Weißensee (→91). **G 9**

181 *Reinhardt, Max*, geb. 9. 9. 1873, gest. 31. 10. 1943. Theaterleiter, Regisseur, Schauspieler; von der Jahrhundertwende bis Anfang der 30er Jahre der »Theaterkönig« Berlins. Kommt 1895 nach Berlin, wohnt Claudiusstraße 6, Moabit, tätig als Lehrer der Sternschen Schauspielschule in der Bleibtreustraße 42; 1901 Gründer des Kabaretts »Schall und Rauch« Unter den Linden (ab 1902 in der Fontanestraße 8, Grunewald); ab 1904 Leitung des neuen Theaters am Schiffbauerdamm (→17) – 1906 mit aufsehenerregender »Sommernachtstraum«-Inszenierung; 1905 Kauf des Deutschen Theaters (→16); dort berühmt durch neue Inszenierungen klassischer und expressionistischer Dramen, zugleich Einrichtung der berühmten Reinhardtschen Schauspielschule im Palais Wesendonck, In den Zeilten 21 (etwa dort, wo später die Kongreßhalle erbaut wurde); 1906 Eröffnung der Kammerspiele mit »Die Gespenster« von Henrik Ibsen. Bewohnte 1912–1929 das Obergeschoß des Magnus-Hauses, Am Kupfergraben 7; emigrierte 1933 nach Österreich und in die USA. **E 7**

182 *Reuter, Ernst*, geb. 29. 7. 1889, gest. 29. 9. 1953. Sozialdemokratischer Kommunalpolitiker; erster Regierender Bürgermeister Westberlins. Im ersten Weltkrieg an der Ostfront; gerät in russische Gefangenschaft und in den Wirren der Oktoberrevolution als ein von Lenin (→162) entsandter Roter Kommissar zu den Deutschen an die Wolga. Nach der Rückkehr kurze Zeit KPD-Mitglied, dann in der SPD. Journalist der Parteizeitung »Vorwärts«, Berliner Stadtrat für Verkehr, Oberbürgermeister von Magdeburg. Auch er geht nach 1933 ins Exil. Im Dezember 1946 wird er zunächst wieder Stadtrat für Verkehr von Berlin. Als die Stadtverordneten ihn im Frühsommer 1947 zum Berliner Oberbürgermeister wählen, annulliert die sowjetische Besatzungsmacht diese Wahl: Reuter hatte sich mit aller Kraft gegen eine Vereinigung der SPD mit der KPD gewandt; danach noch schärfere Ablehnung der Sowjets, verbunden mit immer stärkerer Orientierung nach Westen, zu den USA. Während der Luftbrücke (→274) richtet er in einer Rede auf dem Platz der Republik vor dem Reichstagsgebäude (→6) seinen oft zitierten Appell an die Weltöffentlichkeit, »den freien Teil Berlins« niemals preiszugeben: »Völker der Welt! Schaut auf diese Stadt!« Am 7. Dezember 1948 wird er zum Oberbürgermeister der Westsektoren gewählt (→276). **E 6**

183 *Röntgen, Wilhelm Konrad*, geb. 27. 3. 1845, gest. 10. 2. 1923. Physiker, entdeckt 1895 die von ihm X-Strahlen genannten Erscheinungen, die er am Neujahrstag 1896 in der Berliner Charité (→39) Spezialisten vorführt und so den praktischen Nutzen der Strahlen für die Medizin beweist (→232). Er wird 1905 für die Entdeckung der Röntgenstrahlen als erster Wissenschaftler der Welt mit dem Nobelpreis für Physik geehrt. **F 6**

184 *Sauerbruch, Ferdinand*, geb. 3. 7. 1875, gest. 2. 7. 1951. Mediziner, Chirurg; einer der großen Gelehrten der Berliner Charité (→39), 1927–1929 Ordinarius dieser Universitätsklinik; seit 1937 Mitglied der Akademie der Wissenschaften. Begründete die moderne Thoraxchirurgie: entwickelte greiffähige Armprothesen. Der Sauerbruch-Operationssaal in der alten Chirurgischen Klinik ist noch heute erhalten. **F 6**

185 *Schinkel, Karl Friedrich*, geb. 13. 3. 1781, gest. 9. 10. 1841. Kam 1794 mit der Mutter nach Berlin; Ausbildung als Maler und Bühnenbildner, prägte aber vor allem als Architekt und Baumeister wie kein zweiter Gesicht und Profil des alten Berlin. Seine bedeutendsten Werke gelten als Höhepunkte und Vollendung klassizistischer Architektur, beispielsweise die Neue Wache (→5f), das Schauspielhaus (→12a) und das Alte Museum (→32a). Ab 1811 Mitglied der Königlichen Akademie der Künste; 1815 Ernennung zum Geheimen Oberbaurat. Sein Grab ist auf dem Dorotheenstädtischen Friedhof (→14) zu finden. **F 7**

186 *Siemens, Werner von*, geb. 13. 12. 1816, gest. 6. 12. 1892. Ingenieur, Unternehmer, Erfinder. Mit 18 Jahren kam er ins preußische Militär-Ingenieur-Korps, weil so erst seine Ausbildung möglich wurde. Mehrere Erfindungen in der Telegraphentechnik, bevor er 1847 mit Partner Halske eine Telegraphenbaufirma eröffnete (→220). In immer größerem Stil am Bau internationaler Telegraphen-Linien aktiv, bevor 1866 seine größte Entdekkung gelang: das dynamoelektrische Prinzip ermöglichte die bis heute genutzte Starkstromtechnik. 1879 stellte er die erste elektrisch betriebene Bahn der Welt vor (→226), der Prototyp aller späteren S-, U- und Straßenbahnen. 1888 wird er als schwerreicher Unternehmer geadelt. **E 7**

187 *Stauffenberg, Claus Graf Schenk von*, geb. 15. 11. 1907, erschossen am 20. 7. 1944. Aus einer alten preußischen Militärfamilie stammend, 1926 der Tradition folgend Eintritt in die Wehrmacht; 1933 Oberleutnant, 1943 Oberstleutnant und nach seinen Verletzungen an der Nordafrika-Front Chef des Stabes des Ersatzheeres in der Bendlerstraße (→48). Von dort aus organisieren er und seine Mitverschwörer das Attentat auf Hitler (→147), das am 20. Juli 1944 ebenso wie der geplante Militärputsch scheitert (→226). Stauffenberg wird mit anderen Beteiligten im Hof des Bendlerblocks erschossen. Die Bombe, die er in die Wolfsschanze bei Rastenburg geschmuggelt hatte, baute er in seiner Privatwohnung, Tristanstraße 8–12 am Nikolassee. **E 6**

188 *Thälmann, Ernst*, geb. 16. 4. 1886, ermordet 18. 8. 1944 im KZ Buchenwald. In den 20er Jahren populärer KPD-Vorsitzender. Als Transportarbeiter 1903 Mitglied der SPD und ein Jahr später der Gewerkschaft; 1919 als Hamburger USPD-Vorsitzender in die Bürgerschaft gewählt; wird mit dem Aufgehen der linken USPD in der KPD der führende Vertreter der linksproletarischen Strömung; von 1924–1933 Reichstagsabgeordneter der KPD, ab 1925 KPD-Vorsitzender. Eine geplante Aktionsfront mit den Sozialdemokraten gegen die Nazis scheitert an gegenseitigen Vorurteilen und Verdächtigungen. Thälmann wird am Abend des 3. März

1933 als Illegaler mit zwei Begleitern in einer Wohnung in Alt-Lietzow (Charlottenburg) verhaftet und sofort in das Gestapo-Hauptquartier (→10) gebracht. Danach bis 1937 in der Haftanstalt Moabit (→47); Isolationshaft dann in Hannover bis 1943; unaufgeklärte Vermutungen besagen, daß Stalin den KPD-Führer hätte retten können, wenn er das gewollt hätte. Wurde im Sommer 1944 im KZ Buchenwald erschossen; sein Mörder lebte nach dem Krieg in der Bundesrepublik. **E 4**

189 *Tietz, Hermann,* geb. 1837, gest. 1907. Einer der großen Berliner Warenhausgründer. Begann in Gera mit einem kleinen Weißwarengeschäft. 1900 baute er in der Leipziger Straße (→21), fast am Spittelmarkt, das erste seiner Berliner Warenhäuser. 1926 kaufte sein Nachfolger das Warenhaus seines früheren Konkurrenten Jandorf (KaDeWe) am Halleschen Tor. Die Nazis änderten den traditionellen Kaufhausnamen Hermann Tietz aufgrund dessen jüdischer Herkunft in Hertie (noch heute so genannt). Das Grab des alten Tietz findet sich auf dem Jüdischen Friedhof Weißensee (→91). **E 7**

190 *Ulbricht, Walter,* geb. 30. 6. 1893, gest. 1. 8. 1973. SED- und DDR-Politiker. Als junger Tischler Mitbegründer der KPD in Leipzig; ab 1923 ZK-Mitglied und dessen Sekretär; 1928–1933 Reichstagsabgeordneter, danach illegale Arbeit und Emigration in die UdSSR. Nach der faschistischen Niederlage bei Stalingrad einer der Initiatoren des 1943 unter Kriegsgefangenen und Emigranten gegründeten »Nationalkomitees Freies Deutschland«; ist als einer der ersten mit einem KP-Vortrupp am 30. April 1945 in Berlin, zunächst Prinzenallee 80 (heute Einbecker Straße, Lichtenberg). In der DDR wie in der SED hatte er von Anfang an Schlüsselpositionen inne: 1949–1960 als stellvertretender Ministerpräsident, ab 1960 als Nachfolger Wilhelm Piecks (→179) Staatsoberhaupt der DDR in der neugeschaffenen Funktion des Staatsratsvorsitzenden: 1946 zunächst Stellvertreter, ab 1953 Erster beziehungsweise Generalsekretär des ZK der SED – bis ihn Honecker (→149) im Ergebnis der krisenhaften Entwicklung Ende der 60er Jahre entmachtete (→295). War in den 50er Jahren der DDR-Gegenspieler Adenauers (→101); Ulbricht trägt die politische Hauptverantwortung für den von ihm bis zur letzten Minute bestrittenen Bau der Berliner Mauer (→285). Sein Grab befindet sich auf dem Friedhof in Friedrichsfelde (→94). **E 11**

191 *Virchow, Rudolf,* geb. 13. 10. 1821, gest. 5. 9. 1902. Berühmter Berliner Arzt, Hygieniker, Anatom. Ab 1839 Studium an der Militärärztlichen Akademie Berlin; lebte und arbeitete in Oberschlesien und Würzburg, bevor er 1856 Professor an der Charité (→39) wurde. Wohnte von 1864 bis zu seinem Tode Schellingstraße 10; gründete die Deutsche Fortschrittspartei, für die er 1880–1893 in den Reichstag gewählt wurde. Als Stadtverordneter setzte er den Bau einer Kanalisation durch und bemühte sich um Mittel für Volksbildung und Fürsorge. Sein Grab befindet sich auf dem Matthäus-Friedhof in der Großgörschenstraße. **E 6**

192 *Voigt, Wilhelm,* geb. 13. 2. 1849, gest. 3. 1. 1922. War einer der ersten Kriminellen, denen im Kriminalgericht Moabit (→47) der Prozeß gemacht wurde für ein Delikt, das ganz Europa über den deutsch-preußischen Kadavergehorsam lachen ließ: Voigt, ein gerade entlassener Sträfling, hatte, allein mit einer Hauptmannsuniform »legitimiert«, von der Straße weg einen Trupp von zehn Soldaten seinem Kommando unterstellt und war ins Rathaus Köpenick (→98c) marschiert. Eigentlich wollte Voigt sich mit der Aktion eine Aufenthaltsgenehmigung für Berlin verschaffen,

die ihm als Arbeitslosen ebenso verwehrt wurde, wie er ohne festen Wohnsitz keine Arbeit bekam. Er wußte allerdings nicht, daß sich im Rathaus Köpenick gar kein Meldeamt befand; so ließ er sich dann die Stadtkasse aushändigen und »beschlagnahmte« sie ohne Widerspruch (→235). – Er wurde übrigens im August 1908 begnadigt. **A 13**

193 *Weber, Carl Maria von*, geb. 18. 11. 1786, gest. 5. 6. 1826. Komponist, Musikschriftsteller und -kritiker. Dirigierte am 18. Juni 1821 im Schauspielhaus (→12a) die Uraufführung seiner Oper »Der Freischütz«; er war Gastdirigent auch an der Königlichen Oper (→5c) Unter den Linden. **E 7**

194 *Wessel, Horst*, geb. 9. 10. 1907, gest. 23. 2. 1930. Jura-Student, Held einer nationalsozialistischen Propagandalegende. Angeblich von Kommunisten, tatsächlich aber bei einem Streit von Zuhältern in einer Kneipe in der Großen Frankfurter Straße erschossen: »Die Große Frankfurter Straße wußte, und jedermann konnte es von ihr erfahren, daß Wessel, der Student der Rechte, mit der Erna Jännicke in der Großen Frankfurter Straße wohnte und was es bei ihr kostete«, schreibt Brecht 1935 (→113) in einem Aufsatz über Wessel, in dem er körperliche und politische Zuhälterei dieser Story analysiert. Wessel stirbt Tage nach der Schießerei an seinen Verletzungen. **E 9**

195 *Wilhelm I.*, deutscher Kaiser und König von Preußen, geb. 22. 3. 1797, gest. 9. 3. 1888. Als Prinz von Preußen ab 1825 Kommandeur der Berliner Garde; als solcher flieht er wegen der Ausschreitungen der Garde gegen das Volk 1848 (→221) nach London. Schlägt als Oberbefehlshaber der Truppen 1849 den Aufstand in Baden und in der Pfalz nieder (daher »Kartätschenprinz«). Beruft 1862 Bismarck (→108) zum Ministerpräsidenten, der mit eiserner Faust das Deutsche Reich schmiedet und nach dem Sieg über Frankreich Wilhelm ermöglicht, sich am 18. Januar 1871 in Versailles zum Kaiser ausrufen zu lassen. Folgte in allen wesentlichen politischen Entscheidungen bis zu seinem Tode den Vorschlägen Bismarcks. Zu Ehren Wilhelms I. wurde die Gedächtniskirche (→53) erbaut. **E 7**

196 *Wilhelm II.*, deutscher Kaiser und König von Preußen, geb. 27. 1. 1859, gest. 4. 6. 1941. Wird mit 29 Jahren, im Juni 1888, Nachfolger seines Vaters. Gilt nach übereinstimmenden Beschreibungen als fachlich, politisch und menschlich weitgehend inkompetent. Die Regierungsgeschäfte wurden tatsächlich durch Geheimkabinette von Junkern und adligen Militärs hinter den Kulissen geführt. Entläßt unter dem Einfluß einer dieser Gruppen gleich zu Beginn seiner Regierungszeit den Reichskanzler Bismarck (→108). Setzt sich seinen inneren Überzeugungen entsprechend für die politische und militärische Vorbereitung des ersten Weltkriegs ein; wird von der Novemberrevolution (→243) 1918 zum Abdanken gezwungen. Verlebt den Rest seiner Jahre in den Niederlanden. **E 7**

197 *Wright, Orville und Wilbur*, geb. 19. 8. 1871/ 16. 4. 1867, gest. 30. 1. 1949/30. 5. 1912. Die beiden US-amerikanischen Flugpioniere bringen 1903 in Nordcarolina das erste Motorflugzeug der Welt in die Luft; diesen Doppeldecker stellen sie den staunenden Berlinern 1909 in Tempelhof (→73) und bei der Flugwoche in Johannisthal vor: Ihr Weltrekordflug in Berlin (→239) dauert phantastische 19 Minuten. **C 7**

198 *Zeppelin, Ferdinand Graf von*, geb. 8. 7. 1838, gest. 8. 3. 1917. Erfinder und Konstrukteur der nach ihm benannten starren, aber lenkbaren Luftschiffe; erster Aufstieg eines Zeppelins am 2. 7. 1900. Landet am 29. 8.

1909 mit seinem dritten Luftschiff Z3 nach einem 24-Stunden-Flug in der Hasenheide; wird als Anerkennung von der kaiserlichen Familie empfangen. Zeppelins Luftschiffe verlieren dann aber vor allem den militärischen Konkurrenzkampf mit den schnelleren und wendigeren Flugzeugen. G 3

199 *Zille, Heinrich,* geb. 10. 1. 1858, gest. 9. 8. 1929. Zeichner, Graphiker, Photograph, der sich wie kein zweiter mit dem sozialen Umfeld, vor allem mit den Niederungen des Lebens in der Großstadt Berlin, beschäftigte; vor allem ihm verdanken spätere Generationen unersetzliche Milieustudien. Stammte selbst aus einfachem Hause, wohnte bei seinen Eltern in der Kleinen Andreasstraße; besuchte die Abendkurse der Berliner Kunstakademie. Stammgast in der Altstadt, vor allem in Kneipen wie »Zum Nußbaum« oder »Zur letzten Instanz« (→84). Zieht kurz vor der Jahrhundertwende nach Charlottenburg (Sophie-Charlotten-Straße 88), wo er bis zu seinem Tode wohnt. Sein Grab befindet sich auf dem Stahnsdorfer Friedhof (Richtung Potsdam). E 8

99 Ereignisse (die 2 davor nur zur Unterscheidung)

201 *1197* – Spandau erstmals urkundlich erwähnt F 1

202 *28. Oktober 1237* – erste urkundliche Erwähnung Cöllns (heute etwa Fischerinsel); gilt als Gründungsdatum Berlins. E 8

203 *26. Januar 1244* – Berlin erstmals urkundlich erwähnt. E 7

204 *1359* – Berlin und Cölln werden Mitglieder der Hanse. E 12

205 *1417* – Mit Kurfürst Friedrich I. als Lehnsherrn beginnt die Herrschaft der Hohenzollern (bis November 1918). E 7

206 *1442* – Kurfürst Friedrich II., »Eisenzahn«, nutzt einen Aufstand der Zünfte gegen die Stadtherren zur Beschlagnahme städtischer Ländereien (Rixdorf, Marienfelde, Mariendorf) inklusive Baugrund für eine Hohenzollernburg in der Stadt (→29). E 7

207 *22. März 1540* – Der Berliner Krämer und Freischärler Hans Kohlhaase (→158) wird auf dem heutigen Strausberger Platz durch Vierteilen hingerichtet. E 8

208 *1618 bis 1648* – 30jähriger Krieg; Wallenstein mit seinen Truppen (1628 und 1630), danach Schwedenkönig Gustav Adolf in Berlin (1631). E 7

209 *8. November 1685* – Kurfürst Friedrich Wilhelm (→134) erläßt das Edikt von Potsdam, das die Einwanderung in Frankreich verfolgter Protestanten ermöglicht. Um 1700 leben schon etwa 5500 Hugenotten in Berlin; die Dorotheenstadt hat 1691 einen französischen Bürgermeister. E 7

210 *11. Juli 1700* – Gründung der ersten deutschen Akademie der Wissenschaften durch Gottfried Wilhelm Leibniz und die spätere Königin Sophie Charlotte. Erster Sitz ist der Marstall. E 7

211 *1709* – Vereinigung der bisher selbständigen Städte Berlin, Cölln, Friedrichswerder, Dorotheenstadt und Friedrichstadt (→3) zur königlichen Residenzstadt Berlin. E 7

212 *1751* – Gründung der Berliner Porzellanmanufaktur durch den Schweizer Wegely am Königstor. **F 8**

213 *9. Juli 1788* – Religionsedikt (19. Dezember 1788 Zensuredikt) zur Unterdrückung von Kräften der Aufklärung. Sammelpunkt oppositioneller Intellektueller waren der Salon der Rahel Levin (dann Varnhagen von Ense) in der Charlottenstraße und der »Tugendbund« der Henriette Herz in der Spandauer Straße. **E 7**

214 *27. Oktober 1806* – Eroberung Berlins durch französische Truppen. Kaiser Napoleon (→ 175) zieht in die Stadt ein. **E 7**

215 *1810* – Gründung der Friedrich-Wilhelms-Universität (→ 5g) durch Wilhelm von Humboldt (→ 152). **E 7**

216 *1811* – Friedrich Ludwig Jahn (→ 153) errichtet den ersten deutschen Turnplatz in der Hasenheide (→ 45). **D 8**

217 *1824* – Die Besitzer des Weinlokals Lutter & Wegener in der Charlottenstraße/Ecke Französische Straße geben auf Privatkosten den Auftakt zur Pflasterung der Straßen. **E 7**

218 *22. September 1838* – Die erste Eisenbahnlinie verbindet Berlin mit Potsdam; am 30. August 1872 wird der Potsdamer Bahnhof in Dienst gestellt. **E 6**

219 *1. August 1844* – Eröffnung des Berliner Zoos. **E 5**

220 *1847* – Siemens (→ 186) und Halske gründen in der Schöneberger Straße eine Telegraphenbauanstalt. **D 7**

221 *18. März 1848* – Märzrevolution in Berlin. Den königlichen Truppen fallen 255 Menschen zum Opfer, unter ihnen der 17jährige Schlosserlehrling Ernst Zinna und der 19jährige Geselle Heinrich Glasewald, die bis zuletzt die Barrikade Friedrichstraße (→ 13b)/Ecke Jägerstraße verteidigt hatten. **E 7**

222 *11. Juni 1861* – Grundsteinlegung für das Rote Rathaus (→ 77) **E/F 8**

223 *1867/68* – Die letzten Ringmauern der Altstadt werden geschleift. **E 8**

224 *16. Juni 1871* – Berlin wird Reichshauptstadt. Der in Versailles zum Kaiser gekrönte Wilhelm I. (→ 195) zieht in Berlin ein. **E 6**

225 *11. März 1878* – Attentat des Klempnergesellen Max Hödel auf Kaiser Wilhelm I. Unter den Linden (→ 4) scheitert – Vorwand zum Erlaß des »Gesetzes gegen die gemeingefährlichen Bestrebungen der deutschen Sozialdemokratie«, das bis 1890 in Kraft bleibt. **E 7**

226 *1. April 1881* – Eröffnung des Berliner Fernsprechverkehrs mit 48 Teilnehmern. **E 7**

227 *16. Mai 1881* – Die erste elektrische Straßenbahn der Welt von Siemens & Halske fährt in Lichterfelde. **A 7**

228 *7. Februar 1882* – Die erste (dampfgetriebene) Stadtbahn rollt von Charlottenburg zum Schlesischen Bahnhof. **E 3**

229 *10. April 1883* – Die Deutsche Edison-Gesellschaft (ab 1887 AEG) wird von Emil Rathenau (→ 180) in Berlin gegründet. **G 7**

230 *2. September 1895* – Kaiser-Wilhelm-Gedächtniskirche (→ 53) am 25. Jahrestag des Sieges von Sedan eingeweiht. **E 5**

231 *1. November 1895* – Im Varieté »Wintergarten« (→38a) zeigt Max Skladanowsky den ersten Kinofilm der Welt. E 7

232 *1. Januar 1896* – Wilhelm Konrad Röntgen (→183) führt in der Charité (→39) erstmals in der Welt die medizinische Nutzung der von ihm entdeckten X-Strahlen vor. F 6

233 *1899* – Das erste Kino Berlins wird in der Münzstraße eröffnet. F 8

234 *15. Februar 1902* – Die erste Hochbahnstrecke (Hallesches Tor – Warschauer Brücke; heute Linie 1) wird in Betrieb genommen. D 9

235 *16. Oktober 1906* – Der Schuhmacher Wilhelm Voigt (→192) besetzt als Hauptmann verkleidet das Rathaus Köpenick (→98c). A 13

236 *1907* – Das Strandbad Wannsee wird eröffnet. Die Besucher erhalten Handzettel mit der Aufforderung: »Damen, welche baden wollen, nicht durch Anstarren zu belästigen«! C 2

237 *5. August 1907* – Höhepunkt des ersten großen Autorennfiebers: Empfang der Sieger des Rennens Peking – Paris, des Fürsten Borghese und des Journalisten Barzini, mit großem Auflauf Unter den Linden. E 7

238 *26. September 1908* – Zwei Hochbahnzüge stoßen nahe dem Bahnhof Gleisdreieck zusammen. Einer der Triebwagen stürzt 12 Meter tief auf einen Betriebsbahnhof (18 Tote). D 6

239 *4. September 1909* – Beginn der Flugvorführungen auf dem Tempelhofer Feld (→73); Berlin wird Geburtsstadt des praktischen Fliegens. Wilbur Wright (→197) stellt mit 300 Metern einen Höhenweltrekord auf. Anschließend findet auf dem neuen Flugplatz Johannisthal die 1. Groß-Berliner Flugwoche statt. C 7

240 *1913* – Baubeginn der AVUS (→71); erstes Rennen am 24. September 1921. D 3

241 *1. August 1914* – deutsche Mobilmachung für den ersten Weltkrieg

242 *28. Juni 1918* – Beginn des Streiks der Berliner Munitionsarbeiter; im Knorr-Bremsenwerk entsteht der erste Arbeiterrat. E 10

243 *9. November 1918* – Die Novemberrevolution erzwingt die Abdankung Kaiser Wilhelms II. (→196); der Sozialdemokrat Philipp Scheidemann ruft von einem Fenster des Reichstagsgebäudes (→6) die Deutsche Republik aus, Karl Liebknecht (→164) von einem Balkon des Berliner Schlosses (→29) die Freie Sozialistische Republik Deutschland. E 6

244 *23. Dezember 1918* – Beginn der bewaffneten Kämpfe revolutionärer Aufständischer gegen die einrückende Reichswehr, vor allem im Zeitungsviertel und am Marstall (→30). E 7

245 *15. Januar 1919* – Verhaftung und Ermordung der Führer des Spartakusbundes und KPD-Mitbegründer Karl Liebknecht (→164) und Rosa Luxemburg (→168). Karl Liebknecht wird am 25. Januar, Rosa Luxemburg, deren Leiche man erst am 31. Mai an der Tiergartenschleuse des Landwehrkanals entdeckt, am 17. Juni in Friedrichsfelde (→94) beigesetzt. C 4

246 *27. April 1920* – Mit dem Eingemeindungsgesetz des Preußischen Landtags wird Groß-Berlin gebildet; einschließlich Köpenick (→98), Spandau (→60), Charlottenburg und weiterer 59 Landgemeinden. E 7

247 *29. Oktober 1923* – 1. Rundfunksendung aus dem Vox-Haus in der Potsdamer Straße. **D 6**

248 *8. August 1924* – Die erste elektrische S-Bahn fährt nach Bernau. **H 8**

249 *1924* – Baubeginn des Ausstellungsgeländes und des Funkturms (→55). **E 3**

250 *14. Januar 1930* – Der Zuhälter Horst Wessel (→194) wird bei einer Schießerei in einer Kneipe an der Großen Frankfurter Straße Nr. 62 so schwer verletzt, daß er wenige Wochen später stirbt. Von der Nazi-Propaganda wird er zum »Helden der Bewegung« gemacht. **E 9**

251 *1930* – Das Haus des deutschen Rundfunks wird eröffnet (→72). **E 3**

252 *25. September 1930* – Erster Raketenstart der Welt in Tegel. **H 4**

253 *9. August 1931* – Volksentscheid gegen die (sozialdemokratische) Regierung Preußens. Auf dem Bülowplatz (heute Luxemburgplatz) kommt es zu Zusammenstößen zwischen Demonstranten und der Polizei: Zwei Polizisten werden erschossen. Einer der Schützen soll der im Herbst 1989 abgesetzte und verhaftete ehemalige Minister für Staatssicherheit der DDR, Erich Mielke, gewesen sein. **F 8**

254 *30. Januar 1933* – Machtergreifung Adolf Hitlers (→147); am späten Abend paradieren SA-Männer in einem Fackelzug an Hitler vorbei die »Linden« (→4) hinunter. **E 7**

255 *27. Februar 1933* – Der Reichstag (→6) geht in Flammen auf – Anlaß zu vorher vorbereiteten Verhaftungen von Kommunisten, Sozialdemokraten und anderen Nazi-Gegnern im gesamten Reich. **E 6**

256 *10. Mai 1933* – Bücherverbrennung auf dem Opernplatz (heute Bebelplatz; →5), Nazi-Studenten verbrennen Werke humanistischer deutscher Schriftsteller und Gelehrter von Weltruf. **E 7**

257 *21. Juni 1933* – Beginn der Köpenicker SA-Blutwoche (→98a); 91 Nazigegner werden ermordet. **B 13**

258 *4. Dezember 1935* – Der 23jährige Dachdecker Erich Honecker (→149) wird im Wedding von der Gestapo verhaftet, 1937 zu zehn Jahren Haft verurteilt und 1945 von der Roten Armee aus dem Zuchthaus Brandenburg befreit. **G 5**

259 *1. August 1936* – Eröffnung der Olympischen Spiele in Berlin (→70) und Kiel. **E 2**

260 *9. November 1938* – Im ganzen Nazireich finden staatlich organisierte Pogrome gegen die jüdische Bevölkerung statt, von den Nazis hämisch »Reichskristallnacht« genannt. Auch in Berlin werden Juden aus ihren Wohnungen geholt und erschlagen, ihre Geschäfte und Synagogen (→34, 56) werden geplündert und angezündet. **F 7**

261 *22. Dezember 1938* – Otto Hahn (→142) und sein Mitarbeiter Fritz Straßmann entdecken in Dahlem (→69) die Uranspaltung. **A 3**

262 *20. Januar 1942* – In einer Villa am Wannsee (→62) wird die völlige Ausrottung der deutschen und europäischen Juden beschlossen. **C 2**

263 *18. Mai 1942* – Brandanschlag der Widerstandsgruppe Baum (→105) auf die faschistische Hetzausstellung »Das Sowjetparadies« im Lustgarten. **E 7**

264 *18. August 1943* – Beginn der schweren anglo-amerikanischen Luftangriffe auf Berlin; mit einem einzigen Angriff am 3. Februar 1945 wird das historische Zentrum der Stadt fast völlig zerstört. An die 30000 zivilen Opfer erinnert ein schlichter Gedenkstein auf dem Marzahner Friedhof. **G 12**

265 *18. Februar 1943* – Goebbels (→135) verkündet im Sportpalast (→49) den »totalen Krieg«. **D 6**

266 *20. Juli 1944* – Mit dem fehlgeschlagenen Attentat auf Hitler (→147) scheitert auch der von Berlin aus unter dem Decknamen »Walküre« vorbereitete Staatsstreich. Führende Köpfe des geplanten Umsturzes, unter ihnen Hitler-Attentäter Claus Graf Schenk von Stauffenberg (→187), werden in der Nacht zum 21. Juli im Hof des Heereskommandos in der Bendlerstraße (→48) erschossen. **E 6**

267 *24. April 1945* – Generaloberst N. Bersarin (→107) wird zum ersten sowjetischen Stadtkommandanten des noch schwer umkämpften Berlin ernannt. Die Kommandantur hat ihren ersten Sitz in den Häusern Alt-Friedrichsfelde 1–3. **E 11**

268 *30. April 1945* – Selbstmord Hitlers (→147) im Führerbunker (→8b). **E 7**

269 *2. Mai 1945* – General Schulenburg unterzeichnet in Tempelhof (am heutigen Schulenburgring 2) die Kapitulation der Berliner Garnison. **C 7**

270 *9. Mai 1945* – Wenige Minuten nach Mitternacht setzt Generalfeldmarschall Keitel in Berlin-Karlshorst (→95) seine Unterschrift unter die Urkunde der bedingungslosen deutschen Kapitulation. **D 12**

271 *17. Mai 1945* – Der Alliierte Kontrollrat wird von den vier Siegermächten gebildet. Von seinem neuen Sitz in der Schöneberger Elßholzstraße aus (→50) sollen die vier Besatzungszonen Deutschlands verwaltet werden. **D 6**

272 *4. Juli 1945* – Entsprechend den Abmachungen rücken US-amerikanische und britische Truppen in die sowjetisch besetzte Hauptstadt ein; am 12. August folgen die Franzosen. Die sowjetischen Truppen ziehen sich aus den Sektoren der Verbündeten in ihren Teil Berlins zurück. Die Alliierte Kommandantur soll die gemeinsame Zentrale bilden (→65). **A 3**

273 *23. Juni 1948* – separate Währungsreform in den drei Westsektoren Berlins; der Osten wird mit der dort noch geltenden Reichsmark überschwemmt. Die Sowjetarmee blockiert alle Straßen-, Schienen- und Wasserwege nach Westberlin. **F 6**

274 *26. Juni 1948* – Beginn der Versorgung der drei Westsektoren über eine Luftbrücke der drei westlichen Alliierten (bis zum 12. Mai 1949). Das 1951 errichtete 20 Meter hohe Luftbrückendenkmal von Prof. Ludwig erinnert an die 77 Männer (5 Berliner, 31 Amerikaner, 41 Briten), die bei dieser ersten großen Schlacht des kalten Krieges den Tod fanden. **C 7**

275 *30. November 1948* – Konstituierung einer eigenen Ostberliner Stadtverordnetenversammlung mit Friedrich Ebert, Sohn des ehemaligen sozialdemokratischen Reichspräsidenten (→121), als Oberbürgermeister. Die Mehrheit der aus freien Wahlen hervorgegangenen Mitglieder des bisherigen Magistrats siedelt nach Westberlin über (→67); damit ist die Spaltung der Stadt vollzogen. **E 8**

276 *7. Dezember 1948* – Die Westberliner Stadtverordneten wählen Ernst Reuter (→182) zum Oberbürgermeister (ab 1951 Regierender Bürgermeister). **E 5**

277 *7. Oktober 1949* – Im Haus der Ministerien (→8c) in der Leipziger Straße (→21) wird als Antwort auf die im September vollzogene Bildung der Bundesrepublik die Gründung der DDR (Hauptstadt: Ost-Berlin) beschlossen. **E 7**

278 *24. Oktober 1950* – Die aus den USA stammende Freiheitsglocke bekommt feierlich ihren Platz im Schöneberger Rathaus (→46). **D 5**

279 *6. Juni 1951* – In Westberlin finden die ersten Filmfestspiele, die künftige Berlinale, statt. **E 5**

280 *1. September 1951* – Grundsteinlegung für das zur Stalinallee (→92) gehörende Hochhaus an der Weberwiese als symbolischer Auftakt des Wiederaufbaus des Stadtzentrums. **E 9**

281 *17. Juni 1953* – Aufstand gegen die SED-Regierung, die als Folge der Reparationszahlungen an die UdSSR einschneidende Sozialkürzungen, verbunden mit einer Erhöhung der Arbeitsnormen, verkündet hatte. Streikende Bauarbeiter der Stalinallee (→92) sind der Auslöser; ihrer Demonstration durch das Stadtzentrum zum Potsdamer Platz schließen sich die Arbeiter der meisten Ostberliner Großbetriebe an – bis Panzer der sowjetischen Besatzungsmacht die Protestaktionen beenden. **E 6**

282 *1. Mai 1956* – Erste Militärparade der zwei Monate zuvor gebildeten Nationalen Volksarmee der DDR auf dem Marx-Engels-Platz. Trotz der Proteste der Westalliierten gegen diesen Verstoß gegen den entmilitarisierten Status Berlins wurde diese Parade bis 1989 in jedem Jahr wiederholt; in den letzten Jahren in der Karl-Marx-Allee. **E 7**

283 *3. Oktober 1957* – Willy Brandt (→111) wird im Rathaus Schöneberg (→46) zum Regierenden Bürgermeister Westberlins gewählt. **C 5**

284 *12. November 1959* – Die Berliner Müllabfuhr rangiert die letzten Pferde aus und übergibt sie als Ehrenpensionäre dem Tierpark. **E 12**

285 *13. August 1961* – Völlig überraschend wird Westberlin durch den Bau der Berliner Mauer in den Morgenstunden total abgeriegelt. Erich Honecker (→149) leitet die perfekt getarnte, langfristig vorbereitete Aktion aus dem Haus Unter den Linden 15 (→4). **E 7**

286 *24. September 1961* – Die Deutsche Oper in der Bismarckstraße wird eröffnet. Das Ensemble rekrutiert sich zum großen Teil aus Künstlern, die nach dem Mauerbau ihre bisherigen Theater im Ostteil der Stadt nicht mehr erreichen können. **E 4**

287 *14. November 1961* – Die Stalinallee (→92) wird in Karl-Marx-Allee beziehungsweise Frankfurter Allee umbenannt. Das Stalin-Denkmal auf dem Platz zwischen Andreas- und Koppenstraße wird entfernt. Berlin hatte mit der wenig mehr als lebensgroßen Figur das kleinste derartige Denkmal aller sozialistischen Hauptstädte und war deshalb zu Lebzeiten des Diktators gelegentlichen Spitzen ausgesetzt. **E 8**

288 *2. Februar 1962* – Erste Internationale Grüne Woche im Ausstellungsgelände am Funkturm (→55). **E 3**

289 *26. Juni 1963* – US-Präsident John F. Kennedy besucht zum Abschluß eines viertägigen Deutschland-Aufenthalts Westberlin. Der Schlußsatz seiner Rede vor dem Rathaus Schöneberg (→46) geht in die Geschichte ein: »Ich bin ein Berliner!«. C 5

290 *2. April 1965* – Das Europacenter (→54) am Bahnhof Zoo wird eröffnet. E 5

291 *2. Juni 1967* – Bei Studentenprotesten gegen den Besuch des Schahs Reza Pahlevi wird der Student Benno Ohnesorg (→178) in der Krummen Straße von einem Kripo-Beamten erschossen. E 5

292 *2. Oktober 1967* – Am Bahnhof Zoo wird die letzte Straßenbahn (Linie 55) aus dem Verkehr gezogen. Westberlin brüstet sich trotz der damals schon geäußerten energiewirtschaftlichen und ökologischen Bedenken als »erste deutsche Großstadt ohne Straßenbahn«. E 5

293 *11. April 1968* – Auf den Berliner Studentenführer Rudi Dutschke (→120) wird am Kurfürstendamm ein Attentat verübt, an dessen Spätfolgen er 1979 stirbt. E 5

294 *3. Oktober 1969* – Der Berliner Fernsehturm (→76) wird als höchstes Bauwerk Deutschlands seiner Bestimmung übergeben. E 8

295 *3. Mai 1971* – Erich Honecker (→149) löst Walter Ulbricht (→190) als SED-Generalsekretär, später auch als Staatsratsvorsitzender ab. F 9

296 *3. September 1971* – Das Viermächteabkommen über Westberlin wird im Haus des Alliierten Kontrollrats (→50) von den Botschaftern der drei Westmächte und der Sowjetunion unterzeichnet; das Schlußprotokoll wird am 3. Juni 1972 von den Außenministern signiert. D 6

297 *23. April 1976* – Der Palast der Republik (→28) wird als Sitz der Volkskammer sowie als Kulturzentrum der Stadt übergeben. E 7

298 *10. Oktober 1989* – Im Gefolge von Massendemonstrationen in Leipzig, Berlin, Dresden und anderen Städten gegen die sich verschlechternde soziale Lage und die massive Verletzung von elementaren Menschenrechten wird Erich Honecker (→149) von allen Partei- und Staatsämtern abgelöst. Später werden ihm zusammen mit seiner engeren Umgebung Amtsmißbrauch und Korruption vorgeworfen. E 7

299 *9. November 1989* – Am Abend teilt der für Information zuständige SED-Sekretär Schabowski auf einer Pressekonferenz mit, daß vom nächsten Tag an die bisherigen Regelungen und Beschränkungen für private Reisen in den Westen aufgehoben seien. In derselben Nacht öffnen sich die Schlagbäume an der Berliner Grenze zwischen Ost und West. E 7

Aus unserem lieferbaren Programm empfehlen wir:

Annemarie Lange

Das Wilhelminische Berlin

Zwischen Jahrhundertwende und Novemberrevolution

Um die Jahrhundertwende war Berlin, die Hauptstadt Preußens und des Deutschen Reiches, zur Stadt des Maschinenbaus und der jungen Elektroindustrie, zur Hochburg des deutschen Großkapitals, der Banken und Großunternehmen, aber auch zum Zentrum der deutschen Arbeiterbewegung geworden.
Das klirrende Zurschaustellen der militärischen Macht und der Griff nach der Weltherrschaft durch den deutschen Imperialismus von der »Kaiserstadt« aus sowie der Kampf der revolutionären Kräfte um Bebel, Liebknecht, Luxemburg und Mehring sind untrennbar mit der Entwicklung Berlins zwischen 1900 und 1918 verknüpft.

962 Seiten, 299 Abbildungen
Leinen, 29,80 DM
Bestellangaben: 736 666 7/Lange, Wilhelmin. Berlin
ISBN 3-320-00435-2

Dietz Verlag Berlin
Wallstraße 76–79 · Berlin · 1020

Aus unserem lieferbaren Programm empfehlen wir:

Annemarie Lange

Berlin in der Weimarer Republik

Hrsg. von Peter Schuppan

Die Autorin führt in diesem Buch in die Zeit von der deutschen Novemberrevolution 1918 bis zum Untergang der Weimarer Republik. Durch die lebendige, faktenreiche Schilderung erhält der Leser eine Vorstellung vom Berlin der 20er Jahre, vom Einzug der modernen Technik in das Verkehrswesen und in andere Bereiche der Wirtschaft, vom Kulturleben, vom Bildungswesen, vom Alltagsleben der Berliner.

1133 Seiten, 376 Abbildungen
Leinen, 39,80 DM
Bestellangaben: 738 269 1/Lange, Berlin
ISBN 3-320-00833-1

Dietz Verlag Berlin
Wallstraße 76–79 · Berlin · 1020